Vorgetäuschte Sexualdelikte

ISBN 978-3-86676-035-6

Schriftenreihe der Hochschule der Polizei Hamburg

Band 1

Jana Frauen

Vorgetäuschte Sexualdelikte

ISBN 978-3-86676-035-6

Verlag für Polizeiwissenschaft
Dr. Clemens Lorei

Bibliografische Information der Deutschen Nationalbibliothek
Die Deutsche Nationalbibliothek verzeichnet diese Publikation in der Deutschen Nationalbibliografie; detaillierte bibliografische Daten sind im Internet über http://dnb.d-nb.de abrufbar.

Das Werk einschließlich aller seiner enthaltenen Teile inkl. Tabellen und Abbildungen ist urheberrechtlich geschützt. Nachdruck, Übersetzung, Vervielfältigung auf fotomechanischem oder elektronischem Wege und die Einspeicherung in Datenverarbeitungsanlagen sind nicht gestattet. Kein Teil dieses Werkes darf außerhalb der engen Grenzen des Urheberrechtsgesetzes ohne schriftliche Genehmigung in irgendeiner Form reproduziert, kopiert, übertragen oder eingespeichert werden.

© Urheberrecht und Copyright: 2008 Verlag für Polizeiwissenschaft, Dr. Clemens Lorei, Frankfurt

Alle Rechte vorbehalten.

Verlag für Polizeiwissenschaft, Dr. Clemens Lorei
Eschersheimer Landstraße 508 • 60433 Frankfurt
Telefon/Telefax 0 69/51 37 54 • verlag@polizeiwissenschaft.de
www.polizeiwissenschaft.de

Printed in Germany

Vorwort zur Schriftenreihe der Hochschule der Polizei Hamburg

Seit Ende Dezember 2006 besteht in Hamburg die Hochschule der Freien und Hansestadt Hamburg (HdP). Als Nachfolgeeinrichtung der ehemaligen Fachhochschule für öffentliche Verwaltung (FHÖV) hat sie in erster Linie die Aufgabe der Ausbildung des Nachwuchses für den gehobenen Polizeivollzugsdienst, dem sogenannten Kommissarstudium. Seit dem 1. Oktober 2007 wird darüber hinaus ein Studiengang Sicherheitsmanagement für künftige Führungskräfte für Sicherheitsaufgaben in der Wirtschaft angeboten und durchgeführt. Beide Studiengänge sind akkreditiert und schließen mit dem Bachelor ab.

Lehre und Forschung an der HdP sind anwendungsbezogen ausgerichtet und zeichnen sich durch hohe Praxisrelevanz aus. Mit der Schriftenreihe will die HdP zum wissenschaftlichen Diskurs in Theorie und Praxis beigetragen. Im Rahmen der Schriftenreihe werden herausragende Abhandlungen von Studierenden, Lehrenden oder Gästen der HdP veröffentlicht. Im vorliegenden ersten Band handelt es sich um die Hausarbeit einer Studentin, die diese im Rahmen ihres Studiums gefertigt hat.

Diskurs beinhaltet den Gedankenaustausch, die Auseinandersetzung über vertretene Ansichten und fachlichen Inhalte. Reaktionen auf die Veröffentlichungen im Rahmen der Schriftenreihe sind daher ausdrücklich erwünscht.

Jörg Feldmann
Präsident

Vorgetäuschte Sexualdelikte – ein Thema, das bei bestimmten Fallkonstellationen schnell mediale Schlagzeilen produziert und nicht nur dadurch immer wieder die Gemüter erregt. Gestern der Fall Türck, heute der Fall Marco und morgen ...? Wer hat Recht, wem soll man glauben?

Mögliche Folgen polizeilicher und justizieller Fehler oder Fehleinschätzungen bei Sexualdelikten beschreibt Sabine Rückert in ihrem Buch „Unrecht im Namen des Volkes" (Hoffmann und Campe, 2007) sehr eindrucksvoll. Eine junge Frau beschuldigt Vater und Onkel, sie vergewaltigt zu haben. Beide werden angeklagt und zu mehrjährigen Haftstrafen verurteilt. Erst eine Wiederaufnahme der Verfahren zeigt gravierende handwerkliche Fehler und Beurteilungsmängel auf und führt zur Rehabilitation der unschuldig Verurteilten.

Jana Frauen hat sich für ihre kriminalistische Hausarbeit im Rahmen ihres Studiums an der Hochschule der Polizei Hamburg an ein außerordentlich schwieriges Thema gewagt. In ihrer Ausarbeitung, die deutlich über das für Hausarbeiten geforderte Maß hinausgeht, hat sie in bemerkenswerter Weise die relevanten Aspekte herausgearbeitet und Probleme sowie deren Lösungsmöglichkeiten im Umgang mit einem schwierigen Deliktsfeld aufgezeigt. Dabei hat sie besonderen Wert auf die Erkennungsmöglichkeiten gelegt, die sowohl bei den Sach- wie bei den Personenbeweisen vorhanden sein können. Man muss nur danach suchen, oder richtig hinsehen und -hören.

Jana Frauen ist keine altgediente und erfahrene Ermittlerin. Gleichwohl hat sie durch Auswertung einschlägiger Literatur und Gespräche mit Fachleuten des LKA 42 (Sexualdelikte) im Landeskriminalamt Hamburg sehr umfangreich zusammengetragen, was in diesem Zusammenhang kriminalistisch bedeutsam ist. Das Ergebnis verdient eine Veröffentlichung. Dass diese jetzt im Rahmen der neu geschaffenen Schriftenreihe der Polizei den Auftakt bildet, freut mich, den Kriminalisten, besonders. Diese Veröffentlichung soll und kann dazu beitragen, eine professionelle, kriminalistisch fundierte Ermittlungsarbeit leisten zu können. Nur wenn eine solche unaufgeregt, unvoreingenommen und akribisch erfolgt, hat die Sachverhaltsaufklärung eine Chance.

Thomas E. Gundlach

INHALTSVERZEICHNIS

1 Einleitung/Vorwort

Im August 2005 wurde Andreas Türck angeklagt, eine heute 29-jährige Bankkauffrau im Jahre 2002 nach dem Besuch einer Bar auf der Honsellbrücke im Frankfurter Osthafen misshandelt und zum Oralverkehr gezwungen zu haben. Das angebliche Opfer trat in dem Verfahren als Nebenklägerin auf. Nicht sie selbst hatte ihn angezeigt, sondern die Beschuldigungen, die sie im Telefonat mit einem Bekannten geäußert hatte, waren erst durch eine Überwachung dieses Gesprächs im Zuge eines Drogenverfahrens bekannt geworden. [1]

Die Aussagen von Täter und Opfer waren widersprüchlich: „Er sagt, er sei schnell erregt gewesen, sie habe seine Hose geöffnet. Sie sagt, sie habe ihn abgewehrt und den Kopf zur Seite gedreht. Er sagt, sie sei vor ihm auf die Knie gegangen und habe ihn oral befriedigt. Sie sagt, er habe sie gewürgt, damit sie den Mund aufmacht, und habe ihren Kopf gegen das Geländer geschlagen. Er sagt, es sei alles freiwillig gewesen. Sie sagt, er habe sie vergewaltigt."[2]

Herr Türck beteuerte gegenüber den Vorwürfen seine Unschuld – er sagte, dass der Sex einvernehmlich stattgefunden hätte. Der Fall wurde in den Medien stark diskutiert, wobei der vermutlichen Geschädigten von Anfang an kein Glauben geschenkt wurde. Ihr wurde nachgesagt, sie hätte sich „provokant aufreizend" verhalten und sich „erotisch zur Schau gestellt"[3]. Weiter hieß es, dass dem Prominenten so etwas gar nicht zuzutrauen sei und es wurde lediglich einseitig argumentiert, warum Andreas Türck es nicht getan haben könne. Obwohl bislang kein Grund bestand, der Frau nicht zu glauben, wurde sie in der medialen Berichterstattung schlecht gemacht und über persönliche, für die Anschuldigungen nicht relevante Details ihres Privatlebens berichtet.

Als zwei Gutachter die Glaubwürdigkeit der Frau bezweifelten, stellte sich tatsächlich heraus, dass sie unter Persönlichkeitsstörungen leide und in Gefahr sei, eine Borderline-Störung zu entwickeln. Da sie aufgrund dieser Krankheit dazu neigt, Realitäten umzudeuten, erzählte sie ihrem Freund von einer Vergewaltigung, obwohl sie in Wirklichkeit einvernehmlich Geschlechtsverkehr mit Herrn Türck vollzogen hat. Es war gar nicht ihr Bestreben eine Anzeige zu erstatten. Doch im Laufe der Vernehmungen hat

---

[1] vgl. Wikipedia
[2] Knobbe/Weitz (2005)
[3] Mielke (2005)

sie die Beschreibungen der Vergewaltigung dann zunehmend ausgeschmückt.

Fälle wie dieser, in denen eine Vergewaltigung oder eine sexuelle Nötigung vorgetäuscht wird, sind zwar selten, aber sie treten auf – und dann gilt es, diese frühzeitig zu erkennen und zu ermitteln.

Im Rahmen dieser Hausarbeit sollen nicht nur die Hintergründe der Vortäuschungen von sowie der falschen Verdächtigung wegen Vergewaltigungen und sexueller Nötigungen erläutert, sondern auch Erkennungsmöglichkeiten vorgestellt werden. Es werden sowohl im Bereich der objektiven als auch im Bereich der subjektiven Befunde Anzeichen dafür, dass das Sexualdelikt nicht oder zumindest nicht so, wie es geschildert wurde, stattgefunden hat, erläutert.

Ziel dieser Arbeit ist eine Sensibilisierung hinsichtlich Vortäuschungen und falschen Verdächtigungen in diesem ohnehin schon sensiblen Deliktsbereich unter Fortbestehen einer vorurteilsfreien und sachorientierten Ermittlungsarbeit.

Der sexuelle Missbrauch von Kindern, definiert in den §§ 176, 176a und 176b StGB, findet in dieser Arbeit keine Berücksichtigung, da es sich um einen Deliktstypus mit recht eigenständigen Merkmalen handelt, und dies den Rahmen dieser Arbeit sprengen würde.

Des Weiteren wird nur auf die Sexualstraftaten, die im §177 StGB definiert sind, eingegangen. Einige Aspekte finden aber sicherlich auch Anwendung im Bereich anderer Sexualdelikte. Wird im Folgenden von Sexualstraftaten oder -delikten gesprochen, so bezieht sich dies ausschließlich auf die sexuelle Nötigung und die Vergewaltigung.

Außerdem wird nachstehend häufig von dem Opfer in Form der weiblichen Person und dem Täter in Form der männlichen Person gesprochen. Grund hierfür ist, dass bei dem Großteil der Sexualdelikte das Opfer weiblich und der Täter männlich ist, doch es gibt auch Ausnahmen. Daher soll es auch Anwendung finden auf männliche Opfer beziehungsweise weibliche Täter.

Ebenso ist bei weiteren männlichen Formen von Personenbezeichnungen, zum Beispiel Beamter oder Arzt, dies auch auf weibliche Personen zu beziehen.

Wörter, die mit einem * gekennzeichnet sind, werden im Glossar am Ende der Arbeit erläutert.

Gegenstand dieser Arbeit ist unter anderem eine Auswertung der bayerischen Polizeilichen Kriminalstatistik, die von der Kriminologischen Forschungsgruppe der bayerischen Polizei für das Jahr 2000 durchgeführt wurde. Quellen für diese Analyse waren unter anderem Sonderauswertungen der Polizeilichen Kriminalstatistik, Auswertungen der Strafverfolgungsstatistik, Auswertung aller gemeldeten vorgetäuschten Vergewaltigungen und sexuellen Nötigungen sowie falschen Verdächtigungen wegen dieser Delikte des Jahres 2000 sowie eine Intranet-Befragung der polizeilichen Sachbearbeiter von Sexualdelikten.[4] Auf eine vergleichbare Auswertung der hamburgischen Polizeilichen Kriminalstatistik wurde aufgrund des immensen Aufwandes verzichtet. Die bayerische Studie ist daher exemplarisch für Hamburg. Werden im Folgenden Daten und Prozentzahlen dieser Quelle genannt, so stammen diese aus dem Jahr 2000 und wurden für das Bundesland Bayern erhoben.

In Gesprächen mit insbesondere Herrn Lermert und Herrn Podlech vom Landeskriminalamt 42 – Sexualdelikte – wurden mir Beispiele von Vortäuschungen und falschen Verdächtigungen geschildert, sowie weitere nützliche Informationen nahe gebracht. Diesbezüglich bedanke ich mich hiermit für die Unterstützung. Auskünfte, die aus Gesprächen mit Mitarbeitern des LKA 42 stammen, sind in der Fußnote mit „LKA 42" kenntlich gemacht.

---

[4] Elsner/Steffen (2005): S. 17

2 Sexualstraftat

2.1 Definition/Allgemeines

Jede Straftat gegen die sexuelle Selbstbestimmung stellt eine Sexualstraftat dar. Diese Verbrechen und Vergehen sind im Dreizehnten Abschnitt des Strafgesetzbuches aufgelistet.[5] Im Folgenden wird ausschließlich auf den §177 StGB eingegangen, der sich mit der sexuellen Nötigung und der Vergewaltigung befasst.[6]
Die grundlegenden Elemente der Begehungsweise sind im §177 I StGB erfasst. Demnach sind Tatmethoden die Anwendung von Gewalt[7], die Drohung mit gegenwärtiger Gefahr für Leib oder Leben und/oder die Ausnutzung einer schutzlosen Lage.[8]

Seit 1973 ist das Schutzgut nicht mehr die allgemeine Sittlichkeit, sondern die Freiheit der Entscheidung über die geschlechtliche Betätigung sowie die ungestörte sexuelle Entwicklung junger Menschen und der Schutz vor schwerwiegenden sexuellen Belästigungen[9]. Der Straftatbestand soll demnach vor gewaltsamen Eingriffen in die Freiheit der Entscheidung im sexuellen Bereich schützen.[10]

Die „sexuelle, körperliche oder psychische Gewalt gegen Frauen [...] stellt immer einen massiven Verstoß gegen das Recht auf Leben, Freiheit, Würde und auf die körperliche und seelische Unversehrtheit der Opfer dar"[11] Entscheidend ist, dass es sich bei Sexualstraftaten an erster Stelle um Gewaltdelikte handelt: Der Machtaspekt und nicht die sexuelle Motivation stehen im Vordergrund.[12]

---

[5] Vgl. §§ 174-184 StGB, Beck (§177 StGB siehe Anhang)
[6] Neben diesen Delikten gibt es eine Vielzahl an Delikten, die den sexuellen Missbrauch betreffen, sowie den Exhibitionismus, Verbreitung jeglicher pornographischer Schriften/Darbietungen, Prostitution und Zuhälterei. Die Begriffsbestimmungen sind im §184f StGB definiert.
[7] der Gewaltbegriff entspricht dem der Nötigung in §240 StGB
[8] vgl. Clages (2004): S. 516
[9] vgl. F.A. Brockhaus GmbH (2004): Band Drei S. 379
[10] vgl. Encarta 98 Enzyklopädie
[11] Stöger et al (2001): S. 25
[12] vgl. Elsner/Steffen (2005): S. 13

Opfer eines Sexualdelikts können Personen beiden Geschlechts werden, wobei Täter und Opfer unterschiedlichen aber auch gleichen Geschlechts sein können.[13] Dennoch sind „Opfer sexueller Gewalttaten [] ganz überwiegend weiblich"[14].

Wird eine Person wegen Sexueller Nötigung oder Vergewaltigung beschuldigt, so drohen ihr Geldstrafe bis - im Falle einer Todesfolge - lebenslange Haftstrafe. Bei verminderter Schuldfähigkeit im Sinne des §21 StGB kann eine Einweisung in ein psychiatrisches Krankenhaus erfolgen, es kann aber auch eine Sicherungsverwahrung angeordnet werden.[15]

2.1.1 Strafanzeige

Die Delikte des §177 StGB sind Offizialdelikte, was bedeutet, dass, sobald Beamte von Polizei oder Staatsanwaltschaft von einer Sexualstraftat erfahren, diese ein Strafverfahren einleiten müssen. Eine Anzeige kann auch nicht auf Wunsch des angeblichen Opfers zurückgenommen werden – ein Strafverfahren ist nicht mehr zu stoppen.

Für das Opfer besteht keine Anzeigepflicht. Jede Person kann eine Strafanzeige erstatten, unabhängig von der eigenen Betroffenheit. Erzählt beispielsweise ein angebliches Opfer wider besseres Wissen jemandem von einer fiktiven Sexualstraftat, so kann diese Person es auch bei der Polizei zur Anzeige bringen.

Häufig erzählt das angebliche Opfer einer Vertrauensperson von der angeblichen Vergewaltigung, wobei diese dann aber entgegen dem Willen des angeblichen Opfers darauf bestanden haben, dies zur Anzeige zu bringen: „Das angebliche Opfer, das eigentlich gar nichts mit der Polizei zu tun haben wollte, fühlt[] sich wegen ihrer Falschaussage in die Enge getrieben und so zu einer Falschaussage veranlasst"[16] In 32,9% der vorgetäuschten Fälle erhielt die Polizei beziehungsweise die Staatsanwaltschaft durch andere Personen als dem Opfer Kenntnis vom Sexualdelikt. Diese Personen sind häufig die Eltern – insbesondere bei Minderjährigen oder Heranwachsenden – nahe Verwandte, Freunde, gute Bekannte oder andere Vertrau-

---

[13] vgl. Tröger (2004): S. 1131
[14] Elsner/Steffen (2005): S. 275
[15] §63 StGB: Unterbringung in einem psychiatrischen Krankenhaus , §66 StGB: Unterbringung in der Sicherungsverwahrung
[16] Elsner/Steffen (2005): S. 183

enspersonen. Sehr selten erlangen Beamte Kenntnisse von einem Sexualdelikt durch einen anonymen Anrufer. Dies verdeutlicht, dass die Initiative zur falschen Anzeige nur in 28,6% der Fälle direkt und ohne erkennbare Beeinflussung vom angeblichen Opfer ausging.[17]

Exemplarisch ist der Fall einer Jugendlichen, die sich stark angetrunken mit ihren Freundinnen in einer Bar in St. Pauli aufhielt. Dort ging sie mit einem Mann zur Toilette, um ihn oral zu befriedigen. Anschließend ließ er sie dort betrunken liegen und verschwand. Als die Jugendliche aufstehen konnte, ging sie zu ihren Freundinnen und schilderte ihnen den Vorfall, woraufhin diese annahmen, es würde sich um eine Vergewaltigung handeln und sofort zur Polizei gingen, um den Vorfall anzuzeigen. Das vermeintliche Opfer konnte sich, sobald die Polizei Kenntnis davon hatte, nicht gegen die Ermittlungen wehren und die Anzeige nicht zurückziehen.[18]

Viele Sexualdelikte werden jedoch überhaupt nicht angezeigt: Nach Erkenntnissen aus der Dunkelfeldforschung wird vermutet, dass die Relation der angezeigten zu den nicht angezeigten Sexualdelikten zwischen eins zu drei und eins zu zehn liegen dürfte.[19]

Die Aufklärungsquote im Bereich der Sexuellen Nötigung und Vergewaltigung liegt seit 1987 zwischen 68,9% im Jahre 1991 und 79,7% im Jahre 2000.[20]

---

[17] vgl. Elsner/Steffen (2005): S. 183/184
[18] LKA 42
[19] vgl. Elsner/Steffen (2005): S. 265
[20] vgl. Tröger (2004): S. 1133

2.1.2 Medien

Sexualstraftaten erfahren generell eine hohe Medienpräsenz und rufen eine hohe öffentliche Aufmerksamkeit hervor, begleitet von Diskussionen beispielsweise über eine mögliche Strafverschärfung.[21]

Insbesondere dann, wenn ein Sexualdelikt publik wird, bei dem der Beschuldigte eine prominente Persönlichkeit ist, wird dieser von Beginn an nicht als Beschuldigter gesehen. Stattdessen wird in den Medien argumentiert, warum er es nicht getan haben kann und von vornherein davon ausgegangen, dass das angebliche Opfer lügt beziehungsweise unter einer psychischen Krankheit oder ähnlichem leidet. Aus diesem Grund schrecken viele Opfer vor einer Anzeige zurück, da sie befürchten, dass man ihnen nicht glaubt und sie Panik und Angst vor den Aussagen und Reaktionen der Öffentlichkeit haben.

Wird ein Fall in den Medien verbreitet, hat dies sowohl für das Opfer als auch für den Beschuldigten Folgen, da beide Personen mit ihrer Version und eventuell anderen persönlichen Belangen dadurch öffentlich bekannt werden – unabhängig davon, ob es wahr ist oder nicht.

Ebenso wie die angezeigten Sexualdelikte[22] hat die Häufigkeit der Artikel zum Thema Sexualstraftaten in den Medien in den letzten beiden Jahrzehnten deutlich zugenommen. Die Bereitschaft, sexuelle Gewalttaten aus dem privaten Raum bei der Polizei anzuzeigen, steigt. Grund für die Zunahme in beiden Bereichen ist vermutlich die Enttabuisierung der Themenbereiche „Sexualität" und „Gewalt"[23] und die Gesetzesnovellierung.[24] Insgesamt nimmt die Akzeptanz von sexueller Gewalt gegen Frauen in den westlichen Gesellschaften ab, was auch gefördert wird durch die öffentliche Diskussion im Rahmen der Änderung des Sexualstrafrechts.[25]

Das starke öffentliche Interesse besteht möglicherweise zudem wegen der schweren Folgen für das Opfer. Denn Opfer einer Vergewaltigung oder sexuellen Nötigung zu werden, stellt einen „schwere[n] Eingriff in die

---

[21] vgl. Encarta 98 Enzyklopädie

[22] Zunahme der angezeigten Sexualdelikte von etwa 10.000 (1987- noch alte Bundesländer) auf etwa 16.000 pro Jahr – vgl. Rauch (2004)

[23] vgl. Amann/Wipplinger (2002): S. 338

[24] Seit 1997 kann auch ein Mann Opfer von Sexualstraftaten werden; 1998 fand eine Verschärfung der Rechtsfolgen statt; seit 1997 ist auch die Vergewaltigung in der Ehe strafbar und es wurden weitere Nötigungsmittel in den Tatbestand aufgenommen – vgl. Elsner/ Steffen (2005): S. 12/13, S. 34

[25] vgl. Elsner/ Steffen (2005): S. 55/56

körperliche, geistige und seelische Integrität eines Menschen" sowie „Demütigung und Entwürdigung des Opfers", begleitet von langanhaltenden physischen und psychischen Folgen dar.[26]

Die Enttabuisierung und die öffentliche Diskussion des Themas sowie Veröffentlichungen in publikumswirksamen Zeitschriften oder engagierte Interessensvertretungen von Opfern können Ursachen für die zunehmenden falschen Vorwürfe sein.[27]

Medien haben einen (zu) starken Einfluss auf die Einstellung und das Verhalten der Gesellschaft: „Insbesondere in Bereichen, in welchen die Möglichkeiten des persönlichen Austausches und der persönlichen Erfahrung nur eingeschränkt vorhanden sind, spielen Medien in der Ausbildung von Wissen und Einstellungen eine herausragende Rolle. Der Themenbereich des sexuellen Missbrauchs kann hier als Paradebeispiel für einen derartig tabuisierten Bereich gesehen werden", in dem die Menschen „auf Informationen angewiesen sind, die ihnen von den Medien vermittelt werden."[28]

Entstanden unter anderem durch die mediale Berichterstattung sind folgende Mythen, die sozial verbreitet, wissenschaftlich aber längst widerlegt sind: Opfer seien meist sehr attraktive Frauen und der Auslöser für eine Vergewaltigung sei eine erotisierende oder stimulierende Reizwirkung, ausgehend vom äußeren Erscheinungsbild der Frau. Außerdem sind fälschlicherweise die Ansichten verbreitet, Frauen könnten aus der Vergewaltigung einen Lustgewinn erzielen, sie sei lediglich eine besonders aggressive Form des Geschlechtsverkehrs oder eine sexuelle Triebtat und daher nicht so schlimm. Überdies sei eine Vergewaltigung überhaupt nicht möglich, wenn sich die Frau richtig wehren würde.[29]

---

[26] Diese schwerwiegenden Folgen umfassen physische Folgen wie Verletzungen der Genitalien, Prellungen und Fesselmale, aber auch psychische Folgen, zum Beispiel posttraumatische Belastungsstörungen, Depressionen, Angstzustände, Persönlichkeitsstörungen und Einschränkungen im Zusammenleben und in der Partnerschaft. – vgl. Wikipedia
[27] vgl. Bange (2002): S. 91
[28] Amann/Wipplinger (2002): S. 337
[29] Elsner/Steffen (2005): S. 179

2.2 Das Vortäuschen einer Straftat und die falsche Verdächtigung

Der Tatbestand des Vortäuschens einer Straftat ergibt sich aus dem §144d StGB, der der falschen Verdächtigung aus dem §164 StGB.[30]

Wird fälschlicherweise eine Anzeige wegen sexueller Nötigung oder Vergewaltigung erstattet, so wird dies selten als Vortäuschen einer Straftat beziehungsweise als falsche Verdächtigung angezeigt[31]: „Anzeigen wegen Vortäuschung von oder falscher Verdächtigung wegen Vergewaltigung oder sexueller Nötigung werden im Hellfeld der von den Strafverfolgungsbehörden registrierten Kriminalität nur sehr selten erstattet"[32] – von 1894 Vorgängen, die sich im Jahr 2000 für die Polizei zunächst als Vergewaltigung oder sexuelle Nötigung dargestellt haben, wurden nur 140 Fälle als Vortäuschungen oder falsche Verdächtigungen in der PKS erfasst[33]. Grund dafür ist, dass es nur zur Anzeige durch die Polizei wegen vorgetäuschter Straftat oder falscher Verdächtigung kommt, „wenn das vermeintliche Opfer gesteht, den Sachverhalt falsch geschildert zu haben, oder die Beweislage insgesamt eindeutig gegen die Aussage des angeblichen Opfers spricht."[34] Doch die polizeilichen Sachbearbeiter haben es sehr häufig mit erheblichen Beweisproblemen zu tun: Mindestens ein Fünftel bis zu einem Drittel der Vorgänge sind „zweifelhaft".[35] „Alle Sachbearbeiter von Sexualdelikten sind sich einig, dass deutlich mehr als die Hälfte der angezeigten Sexualstraftaten vorgetäuscht werden. Viele der angezeigten Fälle lassen zwar die Vermutung einer Vortäuschung bzw. falschen Verdächtigung zu, berechtigen jedoch nicht zu einer entsprechenden Anzeige."[36]

---

[30] siehe Anhang
[31] vgl. Elsner/Steffen (2005): S. 178
[32] Elsner/Steffen (2005): S. 264
[33] vgl. Elsner/Steffen (2005): S. 264
[34] Elsner Steffen (2005): S. 181
[35] vgl. Elsner/Steffen (2005): S. 282
[36] Elsner/Steffen (2005): S. 177

Die prozentuale Anzahl der Falschbeschuldigungen im Bereich Sexualdelikte schwankt in der Literatur zwischen zwei und 20 Prozent[37], wobei sich die Prozentzahlen nur auf das Hellfeld beziehen; Dunkelfelddaten werden nicht berücksichtigt.

Repräsentativ sind die PKS-Auswertung in Bayern und eine Erhebung in Schleswig-Holstein. Demnach wurden in Bayern im Jahr 2000 7,4 % der angezeigten Vergewaltigungen und sexuellen Nötigungen mit eindeutiger Beweislage als Vortäuschung oder falsche Verdächtigung aufgeklärt[38], in Schleswig Holstein 7,6 %[39]. Das bedeutet, dass etwa jede 13. angezeigte Vergewaltigung oder sexuelle Nötigung nicht der Wahrheit entspricht. Zu beachten ist jedoch auch, dass die Person, die eine solche Straftat fälschlicherweise anzeigt, nicht unbedingt angebliches Opfer sein muss, sondern auch lediglich behaupten kann, nur Zeuge zu sein.

Laut der bayerischen Studie beziehen sich 62,8% der falschen Verdächtigung auf eine angebliche Vergewaltigung. In 20,0% wurde eine Vergewaltigung vorgetäuscht, in 8,6% eine sexuelle Nötigung und in 8,6% wurde hinsichtlich einer sexuellen Nötigung eine falsche Verdächtigung bekannt. Wegen des Vortäuschens oder der falschen Verdächtigung eines Sexualdelikts wurden vor allem junge Frauen angezeigt. Deren Altersdurchschnitt liegt bei 26 Jahren: Fast ein Drittel sind unter 18 Jahren, drei Viertel der Beschuldigten sind bis 30 Jahre und nur ein Zehntel sind über 40 Jahre alt. Relativ häufig werden nicht der Wahrheit entsprechende Anzeigen von sexuell völlig unerfahrenen Mädchen erstattet, sehr selten hingegen von Männern[40].

Der soziale Status und die Bildung der wegen Vortäuschung oder falscher Verdächtigung Angezeigten sind meist sehr niedrig. Tatverdächtige und auch Opfer von Vortäuschung oder Falschbeschuldigung „verfügen nur über eine weit unterdurchschnittliche schulische Bildung"[41] – vier Fünftel der Beschuldigten besuchten die Haupt- oder Förderschule. Außerdem verfügt die Mehrheit über ein niedriges berufliches Qualifikationsniveau, ist

---

[37] 4-6% der Sexualdelikte sind Falschbeschuldigungen (vgl. Forster/Ropohl (1989): S. 127); mind. 10% aller angezeigten Vergewaltigungen sind vorgetäuscht (vgl. Tröger (2004): S. 1134); bis zu 20% der angezeigten Sexualdelikte fingiert (vgl. Pollak/Saukko (2000): S. 392); 2-3% der Anzeigen sind Falschanzeigen (vgl. Gerstendörfer (2005)); etwa 5-10% der Vergewaltigungen sind vorgetäuscht (vgl. Kriminalportal)
[38] vgl. Elsner/Steffen (2005): S. 176
[39] vgl. Elsner/Steffen (2005): S. 182
[40] von 140 Anzeigen richteten sich nur fünf gegen Männer
[41] Elsner/Steffen (2005): S. 223

arbeitslos, hat keine abgeschlossene Berufsausbildung oder lediglich einen schlecht bezahlten Arbeitsplatz.[42]

Außerdem sind diese Personen meist einem unteren gesellschaftlichem Status zugehörig und sowohl sozial als auch psychisch vorbelastet. Das bedeutet, dass sie in der Familie Gewalt, sexuellen Missbrauch, Vernachlässigung, Unvollständigkeit, Heimerziehung oder Alkoholismus erlebt haben. Andere leiden unter psychischen Belastungen, sind in Therapien oder in ärztlicher Behandlung wegen psychischer Krankheiten, Drogen- oder Alkoholabhängigkeit. Einige sind schon zuvor polizeilich in Erscheinung getreten durch Auffälligkeiten wie Vermisstsein, Suizidversuche oder Prostitution; über 50% der Beschuldigten haben mehr als eine Registrierung im Kriminalaktennachweis der Polizei, nur ein Fünftel der Tatverdächtigen ist ohne erkennbare Vorbelastungen.[43]

Die zu Unrecht wegen eines Sexualdeliktes angezeigten Menschen sind im Durchschnitt ein bis zehn Jahre älter als die Anzeigenerstatter.

In den meisten Fällen behauptet eine Frau von einem Mann sexuell genötigt worden zu sein, in vier Fällen kamen Anzeigen von Männern gegen Männer, einmal gab es eine Anzeige eines Mannes gegen eine Frau; es kam nicht vor, dass eine Frau eine andere fälschlicherweise bezichtigt hat.[44]

Nur selten erfolgen Anzeigen gegen Angehörige höherer sozialer Schichten[45].

Die Folgen eines falschen Vorwurfs bei Sexualdelikten selbst nach zweifelsfrei erwiesener Unschuld können gravierend sein: Oft findet eine „Stigmatisierung des Beschuldigten mit weitreichenden persönlichen, sozialen und beruflichen Konsequenzen"[46] statt. Außerdem kann solch ein Vorwurf gegenseitiges Misstrauen in partnerschaftlichen Beziehungen oder die dauerhafte soziale Ausgrenzung im Bekannten- und Freundeskreis, im beruflichen Umfeld oder der Nachbarschaft nach sich tragen.[47] Es kann sich aber auch auf etwaige Entscheidungen von Behörden, beispielsweise Polizei oder Jugendamt, auswirken. Beim zu Unrecht Verdächtigten kann als Konsequenz eine Verunsicherung bei der Kontaktaufnahme zum ande-

---

[42] 31%Lehrlinge/Schülerinnen, 24%arbeitslos ohne Ausbildung, 10%Hausfrau, 5%arbeitslos mit Ausbildung, 27%andere berufe, 3%unbekannt – vgl. Elsner/Steffen (2005) S. 223

[43] vgl. Elsner/Steffen (2005): S. 265

[44] vgl. Elsner/Steffen (2005): S. 220

[45] vgl. Elsner/Steffen (2005): S. 223

[46] Flogaus (2003/2004): S. 6

[47] vgl. Elsner/Steffen (2005): S. 12

ren Geschlecht aufkommen oder ein generell negatives Frauenbild entstehen.[48]

Diese Folgen können besonders stark ausgeprägt sein, wenn vor Gericht zweifelsfrei die Unschuld nicht bestätigt werden kann, sondern das Verfahren lediglich eingestellt wird, weil Aussage gegen Aussage steht; dabei bleibt häufig in der Gesellschaft ein Restverdacht gegen die eventuell zu Unrecht beschuldigte Person.

---

[48] vgl. Elsner/Steffen (2005): S. 180

3 Motive/Hintergründe

Die Beweggründe für das Vortäuschen einer Sexualstraftat können vielfältig und oft widersprüchlich sein. Dabei spielen sowohl kognitive als auch motivationale Aspekte eine Rolle. Die Motive lassen sich einteilen in die bewusste Täuschung, die Instruktion, die Suggestion, die Wahrnehmungsübertragung, die Übertragung auf eine andere Person und die Untüchtigkeit.

3.1 Bewusste Täuschung

Eine Person täuscht bewusst, indem sie intentional eine falsche Aussage tätigt: „Die Aussage ist das Produkt reiner Phantasietätigkeit"[49]. Diese unwahre Aussage wird oft unterstützt durch „Selbstverletzungen, die entweder primär zur Vortäuschung einer Straftat zugefügt wurden oder bei denen nachträglich eine Straftat behauptet wird."[50]

Nachstehende primäre Motive für eine absichtliche Täuschung können sich zum Teil auch überschneiden: Erregung von Mitleid und Aufmerksamkeit, Ablenkung von einem Suizidversuch oder einer autoerotischen Handlung, Konflikte und Probleme in Familie oder Partnerschaft, Verdecken sexueller Beziehungen, Pubertätskrisen, Scham- und Peinlichkeitsgefühle, Rechtfertigung für Fehlverhalten, Angst vor Schwangerschaft und Rache.[51]

Mitleid und Aufmerksamkeit erregen
Entsprechend der bayerischen Studie erhofften sich die angeblichen Opfer in 11,4% der als nicht erlebnisfundierten Sexualstraftat bewiesenen Fälle Mitleid und Aufmerksamkeit von ihrer Umwelt: Die Falschaussage ist ein „Ausdruck von Einsamkeit, Verlassenheit, Angst, Frustration"[52].

Die Aussagen beruhen oft auf einem Geltungsbedürfnis, manchmal findet lediglich eine Aggravation von Beschuldigungen statt.

---

[49] Greuel et al (1998): S. 52
[50] Pollak (2004): S. 1230
[51] vgl. Elsner/Steffen (2005): S. 187
[52] Sigrist/Germann: S. 29

Die angeblichen Opfer wollen Mitgefühl, Zuwendung, Aufmerksamkeit, aber auch Fürsorge und Zuneigung erlangen.[53] Sie leiden unter Gefühlen der Vereinsamung, Vernachlässigung und einem unbefriedigten Bedürfnis nach Zuwendung, an einer chronischen Belastungsstörung oder einer aktuell zugespitzten Lebenskrise.[54] Der Versuch, „Mitleid und/oder Aufmerksamkeit zu erregen, kam meist von Mädchen und jungen Frauen, die ganz erhebliche psychische und/oder soziale Probleme hatten"[55] und auch unter einem verminderten Selbstwertgefühl leiden. Sie möchten mit ihrer Stellung als Opfer im Mittelpunkt stehen und beachtet werden.

Die angeblichen Opfer empfinden häufig ein jugendliches Imponierbedürfnis[56]. Sie wollen mit der Tat prahlen, um sich – bevorzugt im Freundeskreis – mit besonderen Erlebnissen hervorzutun; mit der Bitte um Stillschweigen darüber, wird die „Sensation" noch gesteigert.[57] Kommt es dann zur Anzeige bei der Polizei, etwa weil ein Freund oder Familienmitglied die Tat zur Anzeige gebracht hat oder weil das angebliche Opfer dazu gedrängt wurde, möchten sich die meist jungen Frauen vor der Polizei nicht bloß stellen und behaupten demzufolge zum Teil hartnäckig weiter, dass sie vergewaltigt oder sexuell genötigt wurden.

Konflikte/Probleme in Familie oder Partnerschaft
Aufgrund bestehender Konflikte oder Probleme in der Partnerschaft oder der Familie tätigten 20,7% im Jahr 2000 in Bayern eine Falschaussage.[58]

Zum einen wird eine Sexualstraftat behauptet, um den Partner an sich zu binden oder aus Enttäuschung über das Ablehnen einer längerfristigen Beziehung. Um ihren Exfreund zurückzugewinnen, hat eine Frau diesem beispielsweise erzählt, sie sei überfallen und vergewaltigt worden; der Mann hat diesen Vorfall dann jedoch bei der Polizei angezeigt.[59]

Dabei ist es ebenfalls möglich, dass der Expartner den neuen Partner aus Eifersucht anzeigt.[60] Auch Meinungsverschiedenheiten über die gemeinsame Zukunft können Anlass für die falsche Behauptung sein – wenn beispielsweise nach einvernehmlichem Geschlechtsverkehr ein Partner zugibt, dass er mit einer anderen Person in einer Beziehung lebt oder kein Interesse

---

[53] vgl. Pollak (2004): S. 1230/1231; vgl. Pollak/Saukko (2000): S. 390-397; LKA 42
[54] vgl. Pollak (2004): S. 1233
[55] Elsner/Steffen (2005): S. 200
[56] vgl. Pollak (2004): S. 1231
[57] vgl. Arntzen (1982): S. 99/100
[58] vgl. Elsner/Steffen (2005): S. 187
[59] LKA 42
[60] vgl. Elsner/Steffen (2005): S. 193

an einer Beziehung hat. Exemplarisch ist hier ein Fall, in dem sich eine Frau in einen Mann verliebte und mit ihm einvernehmlichen Geschlechtsverkehr vollzog. Nach dem Liebesakt offenbarte ihr der Mann, dass er nicht mit ihr zusammen sein möchte und behandelte sie dementsprechend schlecht. Darüber war die Frau so enttäuscht, dass sie ihn wegen Vergewaltigung anzeigte.[61]

Zum anderen erfolgen zahlreiche Anzeigen zum Zeitpunkt aktueller Krisen, während oder nach dem Trennungsprozess einer Beziehung oder bei anderen Konflikten mit dem Intimpartner, die teilweise spontan einer heftigen und zum Teil gewalttätigen Auseinandersetzung folgen können.[62] Streitereien können aber auch aus Wut oder Enttäuschung zu einer Anzeige führen.[63]

Ebenso wie Opfer einer realen Straftat befinden sich die Anzeigeerstatter häufig in einem psychischen Ausnahmezustand[64]: „Zum Zeitpunkt der Anzeigenerstattung befanden sich fast alle Frauen in einer psychisch sehr belastenden Lebenslage mit einer Vielzahl von Problemen wie Arbeitslosigkeit, hoher Alkoholkonsum, finanzielle Schwierigkeiten, psychische Störungen, Angst vor Verlust der Wohnung, Drohungen und Gewalttätigkeiten des Partners/Ex-Partners oder dessen Familienangehörigen."[65] Nicht selten stehen die Personen zum Zeitpunkt der Deliktsvortäuschung unter Alkohol- oder Medikamenteneinfluss mit entsprechenden Beeinträchtigungen.[66]

Anzeigen in einem engen zeitlichen Zusammenhang mit einem Konflikt sind meist unüberlegt, impulsiv, planlos und emotional gesteuert – manchmal finden sie als Folge eines Wutausbruchs statt. Häufig liegen der Vortäuschung von oder falscher Verdächtigung wegen einer Vergewaltigung oder sexuellen Nötigung jedoch zeitlich andauernde Streitigkeiten zu Grunde: Es gibt dann nur einen bestimmten Auslöser für die Anzeige, wie beispielsweise die fehlende Bereitschaft die Beziehung zu besprechen, Rache für das endgültige Beenden der Beziehung, für den Rauswurf aus der Wohnung oder auch Enttäuschung und Wut über gewalttätiges Verhalten des Partners. Ferner ist „bei den Anzeigen, die sich auf länger zurückliegende Vorfälle beziehen, [...] meist ein gezielter und geplanter Einsatz der

---

[61] LKA 42
[62] vgl. Pollak (2004): S. 1231
[63] vgl. Elsner/Steffen (2005): S. 184
[64] vgl. Pollak (2004): S. 1231
[65] Elsner/Steffen (2005): S. 189
[66] vgl. Pollak (2004): S. 1231

Vortäuschungen / falschen Verdächtigungen festzustellen"[67]. Beweggründe sind hier, dem ehemaligen Partner zu schaden und unter Druck zu setzen, um im Sorgerechtsstreit für die Kinder den Ex-Mann in schlechtem Licht erscheinen zu lassen, um den Ehemann los zu werden oder gar aus Rache, weil der Ex-Partner den neuen Partner wegen eines Sexualdeliktes angezeigt hat.[68]

Andere Anzeigen, die intentional täuschen, sind zurückzuführen auf Streitigkeiten zwischen den in einem Haushalt lebenden Jugendlichen und Eltern, Stiefeltern oder dem Lebenspartner eines Elternteils. Dies ist besonders bei Jugendlichen der Fall, die schon zuvor Verhaltensauffälligkeiten oder Erziehungsschwierigkeiten zeigten, beispielsweise Schwierigkeiten mit den Eltern oder Stiefeltern oder solchen, die Aufmerksamkeit der Eltern erregen wollen[69]. Des Weiteren spielt hier der kulturelle Hintergrund eine große Rolle: „Für die Männer aus dem muslimischen Kulturkreis gilt in Bezug auf die weiblichen Familienangehörigen häufig noch ein strenger Ehrenkodex".[70] Eine von der Frau ausgehende Trennung ist für diese ethnische Gruppe unakzeptabel und höchst beleidigend. Daher machen viele Frauen eine nicht erlebnisfundierte Anzeige aus „Furcht vor der Reaktion des Ehemannes oder Partners und dessen Familie auf den Trennungswunsch"[71]. Frauen, die sich aus religiösen oder ethnischen Hintergründen nicht von ihrem Mann trennen dürfen oder können, hegen mit der Anzeige den Wunsch, der Mann würde sich von ihnen trennen, wenn sie ihn der Vergewaltigung oder sexuellen Nötigung beschuldigen.

Aufgrund familiärer Streitigkeiten oder Konflikte mit dem Intimpartner kann es vorkommen, dass mehrmals Anzeigen wegen Vergewaltigung oder sexueller Nötigung erstattet werden.[72]

Verdecken sexueller Beziehungen
Um sexuelle Beziehungen zu verdecken, wurden in 12,9% der Fälle Anzeige erstattet.[73]
Die Anzeigenerstatter erhofften sich damit, vor ihren Ehe- oder Lebenspartnern, Freunden oder vor dritten Personen eine sexuelle Beziehung zu

---

[67] Elsner/Steffen (2005): S. 190
[68] vgl. Elsner/Steffen (2005): S. 187-193
[69] vgl. Pollak (2004): S. 1231; LKA 42
[70] Elsner/Steffen (2005): S. 191
[71] Elsner/Steffen (2005): S. 191
[72] vgl. Pollak (2004): S. 1231
[73] vgl. Elsner/Steffen (2005): S. 193

verheimlichen – die Anzeige dient als Ablenkung von einem Seitensprung oder einer Affäre, also von einem anderen Sexualpartner als dem Lebenspartner.[74]

Es kann versucht werden, unterschiedliche Arten von sexuellen Beziehungen zu decken: Zum einen das „Verdecken längerer sexueller Beziehungen, die neben einer bestehenden Partnerschaft oder Freundschaft eingegangen wurden"[75], wenn beispielsweise der Ehepartner eine solche Beziehung entdeckt hat und die Frau als Ausrede behauptet, der andere Mann hätte sie regelmäßig vergewaltigt.[76] Zum anderen soll ein spontanes sexuelles Abenteuer verdeckt werden, wobei eine Vergewaltigung als Ausrede für die Abwesenheit in der betreffenden Nacht fungieren soll, oder sogar eine Inzest-Beziehung, wenn etwa eine alleinstehende Frau von ihrem Bruder schwanger wird und diese Beziehung verbergen möchte.[77] Die Anzeige kann auch dazu dienen, um die Wiederaufnahme einer sexuellen Beziehung mit einem von der Familie nicht akzeptierten Partner zu verheimlichen.

Pubertätskrisen/Verdecken erster sexueller Erlebnisse
In 10,7% der nicht erlebnisfundierten Anzeigen von Sexualdelikten waren Pubertätskrisen beziehungsweise das Verdecken erster sexueller Erlebnisse die Motivation.

Das Leben junger Frauen ist besonders in dem Übergang zum Erwachsenwerden gekennzeichnet durch Probleme, Verunsicherungen und durch stete Auseinandersetzungen mit den Eltern und im Freundeskreis. Sie haben „Schwierigkeiten bei der Integration der Sexualität in das eigene Leben und das Gefühl, nicht geliebt oder beachtet zu werden"[78].

Hänseleien der Mitschüler über Jungfräulichkeit oder auch der Wunsch herauszufinden, wie viel sie einer Person, zum Beispiel der Mutter, bedeuten, führen dazu, dass eine Vergewaltigung oder eine sexuelle Nötigung behauptet wird.

Junge Mädchen[79] wollen mit einer solchen Anzeige vielfach erreichen, dass ihre ersten sexuellen Erlebnisse oder Beziehungen vor der Mutter, dem Betreuer oder vor Freunden vertuscht werden. Häufig haben junge Frauen zudem Angst, diese frühen sexuellen Kontakte und deren Zustandekommen einzugestehen – eventuell sind sie selbst erschrocken über ihr eigenes Ver-

---

[74] vgl. Pollak (2004): S. 1231; vgl. Elsner/Steffen (2005): S. 193-195
[75] Elsner/Steffen (2005): S. 193
[76] vgl. Elsner/Steffen (2005): S. 194
[77] vgl. Elsner/Steffen (2005): S. 194/195
[78] Elsner/Steffen (2005): S. 195
[79] der Altersdurchschnitt liegt dabei bei 15,6 Jahren – Elsner/Steffen (2005): S. 196

halten und können es psychisch nicht verarbeiten. Darüber zu reden fällt ihnen besonders schwer, da auch die Angst vor der Familie oder Freunden eine große Rolle spielen kann, weil diese vielleicht eine voreheliche Beziehung generell ablehnen oder diesen Geschlechtspartner nicht akzeptieren. Außerdem kann hier der kulturelle Hintergrund wieder von Bedeutung sein: muslimische Frauen dürfen in der Regel vor der Heirat keine sexuellen Kontakte haben und werden „insbesondere von den männlichen Mitgliedern der Familie äußerst restriktiv kontrolliert und haben große Angst davor, dass ihre Beziehungen bekannt werden."[80] Werden sie dennoch mit einem Mann gesehen, so behaupten sie aus Angst, an die Familie verraten zu werden, dass dieser Mann sich sexuell an ihnen vergehen wollte oder vergangen hat.

Nicht selten wird ein Sexualdelikt aus Scham, Angst vor Schande oder Verschleierung eigenen Fehlverhaltens vorgetäuscht.[81] Es kann vorkommen, dass die Person für den Austausch von Zärtlichkeiten bereit war, aber nicht für Handlungen, die darüber hinausgehen. Sie wusste nur nicht oder traute sich nicht, diese zu verweigern. Dem Geschlechtsverkehr liegt dann ein Missverständnis bezüglich des Willens zu Grunde, da der spätere Beschuldigte gar nicht wusste, es vielleicht gar nicht bemerken konnte, dass die Person nicht damit einverstanden war. Vor allem stark alkoholisierte und junge unerfahrene Frauen, die sich erst „ummittelbar vor dem Vollzug des Koitus der Bedeutung, möglicherweise auch etwaiger Konsequenzen dieses Schrittes bewusst werden"[82] wissen dann nicht mehr, wie sie sich distanzieren sollen und der Geschlechtsverkehr wird ohne Willen der Frauen – aber auch ohne Widerstand – vollzogen, mitunter auch unter Ausnutzung des Überraschungsmoments des Partners.[83] „Das „Opfer" eines unter diesen Umständen dennoch vollendeten Geschlechtsverkehrs aber wird in der Rückschau bewusst oder unbewusst dazu tendieren, den Zeitpunkt des erwachenden Widerstandes „vorzudatieren"."[84]

Mit dem vollzogenen einvernehmlichen Geschlechtsverkehr können außerdem persönliche Grundsätze verletzt worden sein und äußere Nachteile entstehen, wie Auseinandersetzungen mit den Eltern oder dem Freund und Prestigeeinbußen infolge Nachbarschaftsgerede. Um sich nicht bloßzustellen, stellen viele junge Frauen den Geschlechtsverkehr als Vergewaltigung

---

[80] Elsner/Steffen (2005): S. 198
[81] vgl. http://www.polizei.nrw.de/duesseldorf/alltag/entfuehrung_3.htm
[82] Michaelis-Arntzen (1994): S. 9
[83] vgl. Michaelis-Arntzen (1994): S. 10-12
[84] Michaelis-Arntzen (1994): S. 9

dar.[85] Ursache für solch eine Anzeige kann jedoch außerdem eine „unmittelbar nach dem Geschehen einstellende plötzliche Betroffenheit, ein erst nachträgliches Bewusstwerden der Bedeutung des Vorgangs"[86] sein. Da sich die Frauen häufig selber nicht erklären können, wie es so weit kommen konnte, wird die eigene Rolle verdrängt – stattdessen wird der Mann eines Sexualdeliktes beschuldigt.

Von Jugendlichen werden gelegentlich Anzeigen wegen eines angeblichen Sexualdeliktes „aus sexuellem Wunschdenken heraus"[87] erstattet; meist geht es hier um „Aussagen, die über Grenzfälle sexueller Belästigungen berichten: z.B. über körperliche Berührungen, die möglicherweise nur Zufallscharakter hatten, aber von den Betroffenen als sexuelle Annäherung gewertet worden sind"[88].

Scham-/Peinlichkeitsgefühle
Auch der Scham vor Freundinnen für ihre spontane Einwilligung beziehungsweise fehlende Ablehnung von sexuellen Handlungen, begleitet von Selbstvorwürfen, kann ursächlich sein für eine nicht wahrheitsfundierte Anzeigenerstattung.[89]

Rechtfertigung für Fehlverhalten
In 10,0% der Fälle vorgetäuschter Sexualdelikte soll „eigenes oder fremdes Fehlverhalten [...] mit einer angeblichen Vergewaltigung oder sexuellen Nötigung entschuldigt oder erklärt"[90] oder gar völlig verdeckt werden. Einerseits kann es sich hierbei um ein Fehlverhalten handeln, das mit sexuellen Handlungen nichts zu tun hat, sondern aufgrund anderer Delikte getätigt wird. Das bedeutet, dass die Anzeige zur Verhinderung der Verfolgung wegen einer anderen Straftat oder Verschleierung anderer, möglicherweise schwererer Straftaten erstattet wird.[91] Diese Anzeige, bei der die Aufmerksamkeit des Polizeibeamten auf dieses wahrscheinlich schwerere Delikt gelockt wird, wird auch Ablenkungsanzeige genannt.[92] Ein Beispiel dafür ist, dass eine Person beim Schwarzfahren erwischt wird und als Ausrede

---

[85] vgl. Michaelis-Arntzen (1994): S. 9/10
[86] Michaelis-Arntzen (1994): S. 10
[87] Arntzen (1982): S. 101
[88] Arntzen (1982): S. 101
[89] 3,6% laut bayerischer Studie; Elsner/Steffen (2005): S. 187
[90] Elsner/Steffen (2005): S. 201
[91] vgl. http://www.polizei.nrw.de/duesseldorf/alltag/entfuehrung_3.htm
[92] vgl. Diekmann (2003): S. 31

sagt, sie wurde überfallen und vergewaltigt und befinde sich jetzt auf dem Nachhauseweg.[93]

Andererseits kann sich das vorausgegangene Fehlverhalten auf Abwesenheit, Verspätungen oder ähnliches beziehen, als sogenannte Alibianzeige.[94] Besonders bei jungen Mädchen - die auch am häufigsten ein Sexualdelikt vortäuschen – ist der Rechtfertigungsnotstand die Ursache für das Vortäuschen eines Sexualdeliktes.[95] Sie behaupten aus Not oder Verlegenheit, Opfer einer Vergewaltigung oder sexuellen Nötigung geworden zu sein, um ein Fortbleiben von zu Hause, ein zu spätes Heimkehren oder ein verspätetes Erscheinen in der Schule zu entschuldigen aus Angst vor damit verbundenen Repressalien.[96] Exemplarisch ist hier der Fall einer 14-jährigen, die anlässlich einer bevorstehenden Klausur von der Schule fernblieb und als Ausrede schilderte, dass sie Opfer eines Sexualdelikts geworden sei.[97]

Verstärkt wird dieser Rechtfertigungsdruck bei jungen Mädchen, deren Freund von der Familie beispielsweise aufgrund seines Alters oder Herkunft nicht akzeptiert wird, oder bei Frauen ausländischer Herkunft, in deren Familie strenge Regeln herrschen: Eine junge Afghanin verbrachte mit ihrem Freund die Zeit und erschien deswegen zu spät im Elternhaus. Um die Verspätung zu rechtfertigen erzählt sie, dass sie von maskierten Männern überfallen worden sei, woraufhin es dann zur Anzeige bei der Polizei durch die Mutter kam.[98] Doch auch bei Erwachsenen dient solch ein Delikt als Erklärung für ein verspätetes Erscheinen am Arbeitsplatz, mangelnde Arbeitsleistung – in diesem Fall wird häufig eine sexuelle Nötigung durch Arbeitskollegen behauptet – längere Abwesenheit oder Vermisstsein. Damit verbunden sein können psychische Auffälligkeiten wie Alkohol- oder Drogenkonsum.[99] Außerdem können ebenfalls die Rechtfertigungsnotwendigkeit bei dem Freund oder Ehemann oder das Bekanntwerden eines Sexualkontaktes oder einer sexuellen Beziehung Motivfaktoren für eine Falschanzeige sein – mit dem Ziel der objektiven Selbstverteidigung.[100]

---

[93] Elsner/Steffen (2005): S. 202
[94] vgl. Diekmann (2003): S. 31
[95] LKA 42
[96] vgl. Germann/Sigrist: S. 29
[97] LKA 42
[98] LKA 42
[99] vgl. Pollak (2004): S. 1230
[100] vgl. Michaelis-Arntzen (1994): S. 54

Angst vor Schwangerschaft

Aus Angst vor einer ungewollten, unehelichen oder illegitimen Schwangerschaft oder zur Erklärung dergleichen behaupteten lediglich 1,4% fälschlicherweise eine Vergewaltigung oder sexuelle Nötigung.[101] Hintergrund ist dabei vor allem, die „Pille danach" zu bekommen und dadurch die Schwangerschaft nach einem gewollten, sexuellen Kontakt legal abbrechen zu lassen, ohne sich für eine fehlerhafte Verhütung rechtfertigen zu müssen.[102] Besonders junge Frauen täuschen zur Erklärung der Schwangerschaft eine Vergewaltigung vor, da sie nicht möchten, dass die Eltern oder Freunde erfahren, dass sie (bereits) einvernehmlich Geschlechtsverkehr vollzogen haben.

Rache

Aus Rache oder als Gegenanzeige erstatteten 5% eine Anzeige wegen sexueller Nötigung oder Vergewaltigung mit Täuschungsabsicht.[103]

Motivation ist die Revanche an Personen oder Institutionen, zum Beispiel an einem Lehrer oder am ehemaligen Partner[104]. Das bedeutet, dass eine bestimmte Person aus Hass oder Rache beschuldigt wird.[105]

Personen mit solch einem Motiv kommen meist aus einem stark mit Kriminalität belasteten Milieu. Exemplarisch für die Gegenanzeige hat eine Frau eine Vergewaltigung durch einen Mann angezeigt, um sich an diesem zu rächen, weil er angeblich ihre Mutter wegen Einschleusens angezeigt hatte.

Die Unzufriedenheit mit dem einvernehmlich vollzogenen Geschlechtsverkehr kann ebenfalls dazu führen, dass der Sexualpartner fälschlicherweise einer Sexualstraftat beschuldigt wird. Dies ist der Fall, wenn die Person mit den sexuellen Handlungen einverstanden war, aber von der Art und Weise der Durchführung enttäuscht oder unbefriedigt ist und aufgrund dessen einen von vornherein erzwungenen Geschlechtsverkehr angeben. Sie haben demnach „offenbar nur deshalb Anzeige erstattet, weil der Modus des Geschlechtsverkehrs ihnen nicht zugesagt hatte"[106].

---

[101] vgl. Elsner/Steffen (2005): S. 205
[102] vgl. Kahl (2002)
[103] vgl. Elsner/Steffen (2005): S. 206
[104] vgl. Pollak (2004): S. 1231
[105] vgl. Pollak/Saukko (2000): S. 293; LKA 42
[106] Michaelis-Arntzen (1994): S. 8

Zudem kann Motiv einer Falschaussage sein, um von einem unvollendet gebliebenen Suizidversuch abzulenken beziehungsweise zur Erklärung von Verletzungen, die dabei entstanden sind.[107]

Das Verdecken einer autoerotischen Handlung ist ebenfalls ein möglicher Hintergrund für eine nicht erlebnisfundierte Anzeige.[108]

Veranlassung für eine Anzeige eines nicht erlebnisfundierten Sexualdeliktes kann auch sein, dass die Anzeigenerstatterin nach einem Sexualkontakt die Personalien des ihr unbekannten Mannes wissen möchte.[109]

---

[107] vgl. Germann/Sigrist: S. 29; Pollak (2004): S. 1230
[108] vgl. Pollak (2004): S. 1231
[109] vgl. Diekmann (2003): S. 31

3.2 Instruktion

„Die Aussage ist das Produkt einer bewussten Induktion durch Dritte"[110].
Das angebliche Opfer wird bewusst instruiert, eine unwahre Aussage zu
machen, die dann von dem Zeugen ebenfalls mit Täuschungsabsicht übernommen wird.[111] Dies geschieht häufig, wenn eine konfliktreiche Beziehung zwischen Personen aus dem sozialen Umfeld des „Opfers" und dem
Beschuldigten besteht, wie beispielsweise Scheidungs- oder Sorgerechts-
auseinandersetzungen.[112]

3.3 Suggestion

Bei der Suggestion werden Aussagen getätigt, die durch Fremdbeeinflus-
sung zustande gekommen sind – denkbar ist hier sowohl die intentionale
als auch die irrtümliche Induktion einer Falschaussage durch einen Dritten.[113] Der Zeuge berichtet demzufolge aus seiner Sicht über eigenes Erleben, doch die Erinnerung ist durch soziale Einflüsse verzerrt, was bedeutet,
dass er die geschilderten Ereignisse tatsächlich nicht so erlebt hat.[114]
Bei der aktiven Suggestion erfolgt die suggestive Einflussnahme von außen, bei der passiven Suggestion hingegen spielt die personenbezogene
Empfänglichkeit für derartige Einflussnahme eine große Rolle.

Die Suggestion als Hintergrund für das Vortäuschen oder falsche Verdäch-
tigen trifft hauptsächlich auf Kinder zu, kann aber auch bei Jugendlichen
zwischen vierzehn und achtzehn Jahren der Fall sein.
Als bekanntestes Beispiel für die Suggestion bei Kindern ist der Montesso-
ri-Prozess zu nennen, bei dem es um einen Missbrauch im Kindergarten
ging, und fast allen Kindern dieser Institution das Erleben eines sexuellen
Missbrauchs suggeriert wurde.[115]

Es gibt drei suggestive Wirkfaktoren:
Die personale Voraussetzung der zu beeinflussenden Person ist von Bedeutung, da nicht alle Personen suggestiv beeinflussbar sind. Empfänglich für
suggestive Einflussnahme sind Personen mit weniger stabilen Persönlich-

---

[110] Greuel et al (1998): S. 53
[111] vgl. Greuel (2000): S. 62
[112] vgl. Flogaus (2003/2004): S. 34
[113] vgl. Bange (2002): S. 62ff.
[114] vgl. Flogaus (2003/2004): S. 33
[115] vgl. Fabian/Balloff/Dettenborn (2000): S. 60ff.

keitsmerkmalen und Erwachsene, die von sich behaupten, ein gutes Gedächtnis zu haben.[116] Eine Untersuchung zeigt, dass es Frauen und Männer gibt, die empfänglich sind für Suggestionen bezüglich sexuellen Missbrauchs.[117]

Zugleich spielen die Voraussetzungen des Suggestors eine Rolle: Die Befragungstheorie zielt darauf ab, „den vorgefassten Überzeugungen zu widersprechende Informationen zur Abklärung von Alternativhypothesen nicht zu erfassen oder zu ignorieren, und solche Informationen, die die vorhandenen Überzeugungen bestätigen, bevorzugt zu sammeln."[118]

Des Weiteren gibt es spezifische Kommunikations- und Befragungsmuster mit potentiell suggestiver Wirkung und spezielle suggestive Techniken und Bedingungen. In der direkten Form werden im Rahmen von Befragungen inhaltliche Vorgaben gemacht – dies kann auch durch bestimmte Frageformen wie die Erwartungsfrage, die Voraussetzungsfrage, die Vorhaltfrage oder auch die Wiederholungsfrage erfolgen. Die indirekte Form zielt dagegen auf die Bereitschaft ab, die vorgegebenen Inhalte zu übernehmen und widersprechendes Wissen zu ignorieren. Dadurch kann außerdem ein negativer Stereotyp über den Beschuldigten induziert werden.[119]

Die Induktion von Inhalten kann ebenso suggestiv wirken, wenn beispielsweise nahe stehende Bezugspersonen im Gespräch über den Vorfall etwas äußern. Dieses kann dann in die eigene Erinnerung und damit in die weitere Schilderung übernommen werden.[120] Auch der Vernehmende kann mit seiner Einstellung oder Ansicht suggerieren: „Je stärker eine Person von einem hypothetischen Sachverhalt überzeugt ist, desto mehr stellt sie anderen Personen Fragen, die diese dazu verleiten, den hypothetischen Sachverhalt zu bestätigen"[121]. Das heißt, die Befragenden gehen schon vorher davon aus, dass es so geschehen ist und erwarten lediglich eine Bestätigung ihrer Auffassung. Auch mehrmaliges Nachfragen kann dazu führen, dass die Antwort und damit weitere Schilderungen verändert werden.

Doch es bedarf vor allem bei Jugendlichen „wiederholter und intensiver suggestiver Effekte, um die Schilderungen eines Erlebnisses in wesentli-

---

[116] vgl. Erdmann (2001): S. 13
[117] Untersuchungsergebnis von Michelle A. Epstein und Bette L. Bottoms 1998 – vgl. Bange (2002): S. 66
[118] Erdmann (2001): S. 5
[119] vgl. Erdmann (2001): S. 15
[120] vgl. Flogaus (2003/2004): S. 32
[121] Fabian/Balloff/Dettenborn (2000): S. 66 – z.B.: mehrmalige Frage: „Du bist doch vergewaltigt worden, oder?", Antwort: „Ja."

chen Teilen zu verändern oder sogar ein nicht selbst erlebtes Ereignis völlig neu zu konstruieren"[122].

Suggestion falscher Erinnerungen kann auch im Rahmen einer Therapie erfolgen, indem Erinnerungen wiederkehren, die auf ein stattgefundenes Sexualdelikt hinweisen oder so gedeutet werden. Laboruntersuchungen haben gezeigt, „dass man Erinnerungen an traumatische Erfahrungen suggerieren bzw. Teile der Erinnerung manipulieren kann."[123]

3.4 Wahrnehmungsübertragung

Die Wahrnehmungsübertragung als Hintergrund für Falschanzeigen bezieht sich auf Aussagen, die durch Autosuggestion, also suggestive Selbstbeeinflussung, entstanden sind.[124] Autosuggestion ist der irrtümlich falsche Transfer eines Erlebnisses oder einer sonstigen Wahrnehmung auf die beschuldigte Person und tritt meist bei Personen mit eingeschränkter beziehungsweise aufgehobener Fähigkeit, zwischen eigenem Fantasieprodukt und der Realität zu unterscheiden, auf.[125] Die Wahrnehmungsübertragung ist demnach Folge eines unabsichtlich falschen Transfers eines Erlebnisses oder einer sonstigen Wahrnehmung. Im Zuge zunehmender Medienpräsenz der Missbrauchsproblematik und der gesteigerten Zugänglichkeit sexualitätsbezogener beziehungsweise pornographischer Produkte ist es möglich, dass eine Person die (visuell) wahrgenommenen Sexualhandlungen fälschlicherweise auf sich selbst und den Beschuldigten bezieht.[126] Die Schilderungen des Zeugen können dabei aus von Filmen oder Schriften bezogenen Informationen resultieren[127]: „Der Aussage liegt zwar ein realer Wahrnehmungs-, aber kein ich-naher Erlebnisbezug zugrunde."[128]

---

[122] Flogaus (2003/2004): S. 33
[123] z.B. Wakefield &Underwager 1992, Tavris 1994, Loftus &Ketcham 1995, Lindsay &Read 1994, Yapko 1996 – Bange (2002): S. 62
[124] vgl. Ballof (2002): S. 162
[125] vgl. Balloff (2004): S. 159
[126] vgl. Greuel (2000): S. 63
[127] vgl. Flogaus (2003/2004): S. 34
[128] Greuel et al (1998): S. 52

3.5 Übertragung auf eine andere Person

Wurde die Geschädigte wirklich Opfer eines Sexualdeliktes, so ist „der geschilderte Sachverhalt [] zwar erlebnisfundiert, bezieht sich aber auf eine andere Person als die des Beschuldigten."[129] Dies ist der intentionale Transfer eines eigenen Erlebnisses oder einer sonstigen Wahrnehmung auf den Beschuldigten.[130]

Dies tritt insbesondere bei Opfern auf, die einschlägige und eventuell sogar multiple Viktimisierungserfahrungen haben.[131]

Die absichtliche Übertragung auf eine andere Person ist vor allem dann Hintergrund der Anzeige, wenn dem Opfer der Täter bekannt ist und sie diesen aber aus bestimmten Gründen nicht anzeigen will, etwa weil es sich bei dem wahren Täter um einen Bekannten oder Verwandten handelt, oder weil das Opfer unter Druck gesetzt wurde, eine Anzeige gegen ihn zu unterlassen. Meist erfolgt in solchen Fällen jedoch eine Anzeige gegen Unbekannt anstelle der Anzeige gegen eine bestimmte Person.[132]

---

[129] Greuel et al (1998): S. 52
[130] vgl. Balloff (2004): S. 158
[131] vgl. Greuel (2000): S. 63
[132] vgl. Elsner/Steffen (2005): S. 218

3.6 Untüchtigkeit

Ursache der falschen Anzeigenerstattung kann auch sein, dass das angebliche Opfer nicht zwischen wahrgenommenen und erfundenen Begebenheiten unterscheiden kann:[133] Hintergründe dafür sind oft „massive psychische Störungen wie schwerer Alkoholismus, chronische hirnorganische Schädigungen oder andere psychopathologische Auffälligkeiten."[134]

Leidet die Person an einer psychischen Krankheit, so ist sie aufgrund kognitiver Schwächen nicht in der Lage, zutreffend über erlebte Ereignisse zu berichten. Hierzu zählen eine geistige Behinderung oder psychische Störung, worunter die Borderline-Störung, Depressionen oder Psychosen/psychotische Störungen fallen.[135]. Besonders bei schweren psychischen Erkrankungen verfügen die Personen nicht über einen realen Erlebnishintergrund oder haben den „Bezug auf längst vergangene, psychische aber noch nicht verarbeitete Sachverhalte"[136] verloren. Gelegentlich kommt es auch vor, dass die Anzeigende ertappt wurde, aber kurz darauf eine erneute Anzeige erstattet, die der ersten ähneln kann. Mehrmalige nicht erlebnisfundierte Anzeigen sind demzufolge keine Ausnahmen.

Außerdem leiden die Anzeigenden häufig an einer chronischen hirnorganischen Störung mit erheblichen intellektuellen Ausfallerscheinungen und können sich aufgrund dessen in der Vernehmung nicht mehr an den Sachverhalt erinnern, stellen ihn anders dar oder verweigern die Aussage. Auch Erregungen und Stress können zu Wahrnehmungsverzerrungen führen.

Zudem kann ein schwerer Alkoholismus nach langjährigem Alkoholmissbrauch mit Folgen bis hin zu alkoholbedingten Hirnschädigungen oder Persönlichkeitsänderung oder andere Störungen durch illegale Drogen, Arzneimittelmissbrauch, und/oder multiplen Substanzmissbrauch, die sogenannte Polytoxikomanie, die Wahrnehmung oder das Aussageverhalten beeinträchtigen.
Exemplarisch für Erinnerungsdefizite aufgrund eines schweren Alkoholmissbrauchs ist eine 70-jährige Frau, die gemeinsam mit ihrer Tochter und einem 65-jährigen Bekannten den Weihnachtsabend verbrachte. Die Toch-

---

[133] 22,1% aller Falschanzeigen/falschen Verdächtigungen haben diese Ursache; vgl. Elsner/Steffen (2005): S. 209
[134] Elsner/Steffen (2005): S. 186
[135] vgl. Flogaus (2003/2004): S. 34
[136] Elsner/Steffen (2005): S. 209

ter entfernte sich, um mehr Alkohol zu besorgen. Als sie wiederkam, fand sie ihre Mutter im Badezimmer über der Toilette hängend mit herunterge-lassener Hose. Der Bekannte befand sich nicht mehr in der Wohnung. Die-ses veranlasst die Tochter zu denken, die Mutter sei von ihm vergewaltigt worden. Die 70-jährige konnte sich wegen ihres exzessiven Alkoholkon-sums an nichts mehr erinnern. Bei der rechtsmedizinischen Untersuchung stellte sich heraus, dass sie zwar Verletzungen aufwies, diese jedoch nicht von einer Vergewaltigung herrührten.[137]

Dissoziation ist der Verlust bewusster Kontrolle in traumatischen Situatio-nen. Durch Dissoziation kann ein Mensch „auf geistiger Ebene einen Ort verlassen, an dem ihm Erschreckendes passiert. Die Fähigkeit, sein Wissen, seine Gefühle und Erinnerungen zu integrieren, geht dabei verloren. Da-durch werden traumatische Erinnerungen aus dem Gedächtnis geschoben und aus dem normalen Bewusstsein ausgegrenzt, um schmerzliche Gefühle und Gedanken kontrollieren zu können"[138]. Die dann später erinnerte Wahrheit ist eine andere als die tatsächliche, denn die Ereignisse der Ver-gangenheit werden immer neu be- und überarbeitet.[139]
Als Dissoziation wird der „teilweise oder völlige Verlust der normalen In-tegration von Erinnerungen an die Vergangenheit, des Identitätsbewusst-seins, der unmittelbaren Empfindungen sowie der Kontrolle von Körper-bewegungen"[140] bezeichnet. Das bedeutet, die Person kann sich nur an ei-nige Teile erinnern und schließt daraus irrtümlicherweise, dass sie Opfer eines Sexualdelikts wurde. Da sie die Erinnerungslücken jedoch nicht zugeben möchte, denkt sie sich etwas dazu.

Das Borderline- Persönlichkeitssyndrom (BPS) bezeichnet eine bestimmte Gruppe von psychischen Störungen an der Grenzlinie zwischen Neurose und Psychose. Es handelt sich hierbei um eine emotional instabile Persön-lichkeitsstörung, die auch als latente pseudoneurotische Schizophrenie be-zeichnet wird.
Personen, die an diesem Syndrom leiden, haben häufig eine Vielfalt von störenden Symptomen, wie Phobien, Angst, Depression, Hyperaktivität und Amnesie. Ihre innere Welt ist – wie bei Kindern – strikt in gut und böse aufgeteilt.[141] Symptome der Borderline-Persönlichkeitsstörung sind zudem Stimmungsschwankungen, mangelnde Impulskontrolle, explosives und

---

[137] LKA 42
[138] Bange (2002): S. 66
[139] vgl. Bange (2002): S. 67
[140] Richter-Appelt (2002): S. 53
[141] vgl. http://www.sozialportal.de/Krankheiten/Borderline.html

gewalttätiges Verhalten, unklare und gestörte eigene Identität, ebenso wie die Zielvorstellungen und auch die (sexuellen) Präferenzen. Außerdem neigen die sogenannten Borderliner zu intensiven, aber unbeständigen zwischenmenschlichen Beziehungen. Nicht selten zeigen sie selbstschädigendes Verhalten oder machen Suiziddrohungen.[142] Sie empfinden ein andauerndes Gefühl von Leere und Langeweile, fühlen sich von der Umwelt missverstanden, in ihren Beziehungen mehrfach verletzt oder als Opfer und haben ständig Angst verlassen zu werden.[143] Die Borderliner leiden außerdem unter stressabhängigen paranoiden Phantasien oder schweren dissoziativen Symptomen.[144]

Ursache des Borderline-Persönlichkeitssyndroms können schwere Entwicklungsstörungen in den ersten drei Lebensjahren sowie sexueller Missbrauch, emotionale Vernachlässigung, traumatische Erlebnisse und Konflikte im Jugendalter sein.[145]

Typisches Verhalten für eine Borderlinerin ist, dass sie bei der Polizei eine Anzeige wegen Vergewaltigung erstattet, wogegen jedoch eindeutig die objektiven Befunde sprechen. Da die Beamten ihr nicht glauben und die Anzeige nicht weiter verfolgt wird, geht die Frau sofort zum nächsten Polizeikommissariat und erzählt dort, dass sie vor zwei Jahren vergewaltigt worden sei. Es kommt auch vor, dass die vernehmenden Beamten der Frau sagen, sie glauben ihr nicht, woraufhin sie dann einräumt, dass es so tatsächlich nicht stimmt. Doch in ihrer Verbesserung sagt sie dann, dass es zum Beispiel fünf statt zwei Männern waren, die sie überfallen haben. Borderliner neigen demzufolge zur Übertreibung.[146]

---

[142] vgl. Bonnemann (2001a)
[143] vgl. Bielicki (1998)
[144] vgl. Bonnemann (2001b)
[145] vgl. Bonnemann (2001c)
[146] LKA 42

4 Erkennungsmöglichkeiten

Bei jeder Anzeige wegen Vergewaltigung oder sexueller Nötigung sollte in Betracht gezogen werden, dass es sich hierbei um ein Vortäuschen oder eine Falschverdächtigung handeln kann. Um die dargestellte Tat widerspruchsfrei festzustellen, müssen sowohl die Spuren als auch die Vernehmung und die aussagende Person auf verschiedene Aspekte untersucht werden.

4.1 Spuren

Die Spuren bilden den objektiven Tatbefund und können als Sachbeweise verwendet werden. Spuren sind alle sichtbaren und latenten „Veränderungen in der materiellen Umwelt, die Rückschlüsse auf die sie verursachenden Vorgänge zulassen und mit Hilfe der Spurenkunde erschlossen werden können."[147]

Nach dem Locardschen Prinzip hinterlässt jeder Kontakt eine Spur. Spuren können nicht nur an den beteiligten Personen und deren Kleidung, wobei es sich bei den Sexualdelikten meist lediglich auf das angebliche Opfer und den Tatverdächtigen beschränkt, sondern auch am Tatort und gegebenenfalls am Tatmittel festgestellt werden.

Bei allen Spuren gilt: je größer der Zeitintervall zwischen Tat und Asservierung, desto kleiner ist die Chance, beweiskräftige Befunde zu erheben.[148] „Eine Spurensicherung ist immer sinnvoll, wenn das Delikt in relativ engem zeitlichen Zusammenhang zum Untersuchungszeitpunkt stattgefunden hat."[149]

4.1.1 Spuren am Tatort

Tatort ist der „Ort des kriminellen Geschehens, an dem der Täter vor, während und nach der Tat gehandelt hat, sowie der Fundort von Spuren."[150] Da der Tatort Träger von Spuren ist, dient er der Möglichkeit des Sachbeweises. Er bietet Anhaltspunkte für die Bewertung des Personenbeweises, ob also die Angaben des Anzeigenerstatters den objektiven Begebenheiten entsprechen.

---

[147] Weihmann (2004): S. 96
[148] vgl. Tröger (2004): S. 1147
[149] Rauch (2004): S. 6
[150] Weihmann (2004): S. 150

Der Tatort hat „eine erhebliche Bedeutung für den kriminalistischen Er-kenntnis- und Beweisführungsprozess":[151] Fallspezifische kriminalistische Hinweise werden gewonnen, indem Spuren und andere materielle Wirkun-gen des Ereignisses festgestellt werden, wie die Bestimmung zeitlicher Ab-läufe, Ermittlung der Begehungsweise, Hinweise zum Tatverdächtigen und zu verwendeten Tatwerkzeugen oder Tatmitteln. Außerdem können sowohl Zeugen als auch Verdächtige am Tatort und in der Umgebung erkundet werden. Anschließend wird ein gedankliches Modell, eine Version zum Ereignis erarbeitet, das eine Möglichkeit der Überprüfung von Information bietet.[152]

Eine Vergewaltigung oder sexuelle Nötigung kann im öffentlichen, halböf-fentlichen oder privaten Raum begangen werden. 24,1% der polizeilich re-gistrierten Vergewaltigungen und sexuellen Nötigungen fanden im öffentli-chen Raum statt, zu dem öffentliche Straßen, Wege, Plätze, Parkanlagen, Wiesen, Felder und Wälder zählen. Im halböffentlichen Raum, der ohne besondere Erlaubnis allgemein zugängliche Örtlichkeiten wie Bahn, Be-hörden, Schulen, Heime, Gaststätten, Geschäfte bezeichnet, wurden 16,3% dieser Sexualdelikte begangen. Privat genutzte Räume wie Wohnungen, Häuser, Gebäude oder Flächen waren in 59,6% Tatort einer Vergewalti-gung oder sexuellen Nötigung.[153] Bei vorgetäuschten Delikten oder im Rahmen der falschen Verdächtigung wegen einer sexuellen Nötigung oder Vergewaltigung wurden in 51,4% der private Raum, in 16,7% der halböf-fentliche Raum und in 31,9% der öffentliche Raum als Tatort angegeben.

Zu Beginn erfolgt die Tatortsicherung, die das „Einleiten von Maßnahmen zum Schutz des objektiven und subjektiven Tatbefundes"[154] und die Prü-fung, welche gefahrenabwehrenden Maßnahmen durchzuführen sind, um-fasst. Im Folgenden sollte eine erste Analyse der vorgefundenen Situation, die Feststellung und Festlegung der Tatortgrenzen, sowie der Schutz des objektiven[155] und subjektiven[156] Tatbefundes[157] vorgenommen werden. Dem folgt die Tatortbesichtigung, um eine allgemeine Beurteilung und A-nalyse der Situation am Tatort vorzunehmen. Hierbei wird zwischen dem weiteren und näheren Tatort unterschieden.

---

[151] Clages (2004): S. 80
[152] vgl. Clages (2004): S. 81
[153] vgl. Elsner/Steffen (2005): S. 34
[154] Clages (2004): S. 91
[155] Abdecken von Spuren/Beweismittel, fotografische Sicherung, Notsicherung, Notas-servierung
[156] Identifizierung der Personen am Tatort, Feststellung derer Anwesenheitsgründe, Zeugentrennung, Vernehmung
[157] vgl. Clages (2004): S. 91-94

Zur Besichtigung des weiteren Tatortes werden Jahreszeit, Tageszeit, Witterungsverhältnisse, Wetterverhältnisse, Licht- und damit verbunden auch die Sichtverhältnisse erfasst. Falls zwischen der Tat und der Tatortbesichtigung eine große zeitliche Distanz liegt oder falls Widersprüche oder Unklarheiten auftreten, können die Wetterdaten angefordert werden und auch die Zeiten, wann es hell oder dunkel wurde.

Vor allem wenn die Tat im öffentlichen Raum stattgefunden haben soll, sollte der Tatort zum gleichen Wochentag und zur selben Uhrzeit der Tat aufgesucht werden, um zu überprüfen, ob sich viele Menschen zu der Zeit an dem Ort befinden und ob diese eventuelle Zeugen der Tat waren. Melden sich Zeugen nämlich nicht freiwillig oder sind nicht leicht auffindbar, so kann davon ausgegangen werden, dass viele Menschen ein stets wiederkehrendes Verhaltensmuster haben, beispielsweise immer zur gleichen Zeit zur Arbeit oder zum Einkaufen gehen. Um festzustellen, ob es Zeugen gegeben haben kann oder sogar geben muss, sollten die Schallverhältnisse beurteilt werden – ist es beispielsweise so hellhörig, dass die zu dieser Tageszeit stets anwesenden Nachbarn die Schreie des angeblichen Opfers in jedem Fall hätten hören müssen? Auch die Einsehbarkeit des Tatortes durch Nachbarn oder umliegende Geschäfte muss nachvollzogen werden. Zu den Ermittlungen im Wahrnehmbarkeitsbereich, „in dem Personen die Möglichkeit hatten, optische, akustische, odorologische* oder andere Wahrnehmungen zum kriminalistisch relevanten Sachverhalt zu machen"[158], gehört auch die informatorische Befragung vor Ort, die Absuche des unmittelbaren Umfelds nach Zeugen, Öffentlichkeitsarbeit sowie die Beobachtung an nächstfolgenden Tagen zur Tatzeit.

Ist Tatort ein Wald, Park oder ähnliches, so kann beispielsweise erforscht werden, ob Laub, Gras, Erde oder ähnliches bewegt oder platt getreten worden ist und wie tief die Äste hängen. Ziel ist es herauszufinden, ob an diesem Ort ein Sexualdelikt überhaupt möglich war und welche Spuren vorzufinden sein könnten. Soll das Delikt im Bahnbereich, in der Nähe einer Tankstelle oder sonstiger Geschäfte stattgefunden haben, muss in Betracht gezogen werden, dass dieser Ort eventuell videoüberwacht wird, sodass die Aufnahmen angefordert werden sollte.

Bei Unklarheiten oder Widersprüchen kann der Tatort auch über eine Handyortung oder Funkzellenauswertung ausgemacht werden.

Fand die angebliche Vergewaltigung oder sexuelle Nötigung in einem Gebäude, Auto oder sonstigen verschließbaren Raum statt, müssen die Verschlussverhältnisse geklärt werden. In einem Fall einer vorgetäuschten Vergewaltigung behauptete die Anzeigenerstatterin, ein Mann hätte sie in

---

[158] Clages (2004): S. 107

einen Hausflur gezerrt und sie dort in einer leerstehenden Wohnung, die direkt links vom Hausflur abginge, vergewaltigt. Doch bei der Tatortbesichtigung stellte sich heraus, dass sich die Tür zum Flur von außen ohne Schlüssel gar nicht öffnen lässt, und da weder Tatverdächtiger noch Opfer dort wohnten, konnten sie gar nicht hineingekommen sein. Zudem handelte es sich bei der beschriebenen Wohnung nicht um eine solche, sondern um Kellerräume, die ebenfalls nur mit einem Schlüssel zugänglich waren und laut Angaben der Nachbarn stets verschlossen sind. Das Haus ist außerdem sehr hellhörig, doch niemand der Nachbarn hat die Frau schreien hören. Als die Frau mit diesen Unstimmigkeiten konfrontiert wurde, gab sie zu, sich das nur ausgedacht zu haben, weil sie sich von ihrem Freund vernachlässigt fühle.[159]

Behauptet das angebliche Opfer beispielsweise, dass es an dem Tatort ungewöhnlich gerochen hat, zum Beispiel nach Essen oder Rauch, muss auch diese Geruchsspur mit dem Geruch am Tatort verglichen werden.

Sind keine Spuren auffindbar, sollte zunächst geklärt werden, ob eventuell Reinigungsmaßnahmen durch die Stadt oder Anwohner stattgefunden haben. Es handelt sich dann um eine Fehlspur, die eigentlich vorhanden sein müsste, aber dennoch fehlt.

Die Besichtigung des näheren Tatortes, beispielsweise des Bettes, hat das Ziel zu erfassen, ob aufgrund der örtlichen Verhältnisse die Tat so, wie der Anzeigenerstatter sie geschildert hat, überhaupt realisierbar gewesen sein konnte. Die Beschreibung des Tatortes muss demzufolge äußerst genau nachvollzogen werden.

Verschiedene Spurenarten können am Tatort gefunden werden. Anhand von Formspuren, die durch Einwirkung eines Spurenverursachers an einem Objekt entstanden sind, sind aus der formmäßigen Beschaffenheit der Spur kriminalistische Schlüsse zu ziehen. Insbesondere können sich daktyloskopische Spuren, aber auch technische Formspuren am Tatort eines Sexualdeliktes befinden. Diese können als Abdrücke, Eindrücke, Gleitriefen, Schnitte, Brüche, Risse oder Passstücke erscheinen, wobei besonders die Abdrücke und Eindrücke als Spur bei Sexualdelikten vorkommen. Als Abdrücke können Formenabbildungen durch Substanzübertragung wie Blut, Schweiß, Fett vom Spurenverursacher, beispielsweise Finger oder Schuhsohle, auf den Spurenträger zu finden sein. Falls am Tatort beispielsweise ein gebohnerter Fußboden ist, so kann sich der Oberflächenglanz beim Berühren dieser dünnen und weichen Glanzschicht verändern, indem eine Person mit

---

[159] LKA 42

Schuhen darüber läuft. Befinden sich Blutspuren am Tatort muss deren Lokalisation, Form und Verteilung untersucht werden. Fingierte Blutspuren
können so auch erkannt werden, da anhand von Bluttropfen festgestellt
werden kann, ob sie aufgetropft, aufgespritzt oder angeschmiert wurden.[160]
Außerdem ermöglichen Blutspuren eine DNA-Analyse. Die im Blut enthal-
tende DNA kann individuell zugeordnet werden und somit ein Individual-
beweis sein. Außerdem sind ein Rückschluss auf die Blutgruppe sowie der
Nachweis von Fremdstoffen wie Gift oder Betäubungsmittel möglich.[161]
Neben den Blutspuren müssen auch daktyloskopische Spuren gesichert
werden, insbesondere Fingerab- und Fingereindruckspuren von Täter und
Opfer.
Zur Spurensicherung sollte der Untergrund oder die Unterlage des jeweiligen Tatortes auf Sperma-, Blutspuren, Haare und abgebrochene Fingernä-
gel untersucht werden.
Der Tatort soll ebenfalls untersucht werden auf weitere Tatspuren wie
Schuhspuren, Schleifspuren, Kampfspuren oder Reifenspuren[162], also auf
Spuren, die durch das Handeln des Täters und der Reaktion des Opfers ent-
standen sind.
Hat das Sexualdelikt der Aussage zufolge in einem Wald oder an einem Ort
mit einem vergleichbar weichen Untergrund stattgefunden, so können dort
plastische Verformungen durch Auftreten oder Liegen, beispielsweise ein
Schuheindruck im Erdreich, entstehen.

Auch Materialspuren, also Substanzen, deren stoffliche Eigenschaften oder
Zusammensetzungen kriminalistische Schlüsse zulassen, sind in der Regel
am Tatort einer Vergewaltigung oder sexuellen Nötigung auffindbar. Textile Spuren können beispielsweise durch Abrieb der Kleidung entstehen. A-
ber auch körperzellenhaltige Spuren wie Partikel aus der Haut, dem Unter-
hautfettgewebe, Knochen oder Organen und abgebrochene Fingernägel
können sich am Tatort befinden. Biologische Spuren „liegen als krümelige
Gewebepartikel oder als schuppenartige Gewebsabriebe vor. Im frischen
Zustand zeigen sie eine gelbe bis braune Farbe [...]. Mit der Zeit vertrock-
nen sie und zeigen dann eine dunkelgelbe bis dunkelbraune oder gar
schwarze Farbe."[163] Neben Sperma-, Schweiß- und Speichelspuren können
auch Haare von Täter oder Opfer, textile Spuren, toxikologische Spuren,

---

[160] vgl. Schwerd (1980): S. 23
[161] vgl. Weihmann (2004): S. 103/104
[162] vgl. Pfefferli (2002): Ziffer 1.4
[163] Pfefferli (2002): Ziffer 3.2

Boden-, Schmutz- und Pflanzenspuren sowie mikrobiologische Spuren am Tatort zu finden sein.[164]

Ebenso ist die Situationsspur, die den Allgemeinzustand des Tatortes, beispielsweise von Wohnung, Türen, Fenstern, Lage von Gegenständen zeigt, zu beachten.[165] Diese Spur ergibt sich aus der räumlichen Lage und Anordnung von Spuren oder Gegenständen zueinander und zu deren Umgebung. Sie lässt Schlüsse auf die Art der Spurenentstehung zu und dient der Rekonstruktion des Tathergangs, der ja besonders bei dem Verdacht einer Vortäuschung oder falschen Verdächtigung eine wichtige Rolle spielt.

Gegenstandsspuren können nach Sexualdelikten ebenfalls am Tatort aufgefunden werden, wenn beispielsweise der Täter ein Kleidungsstück, Kondom oder ähnliches zurückgelassen hat. Der nähere Tatort muss nach zurückgelassenen Bekleidungstücken oder Knöpfen, Kondomen, Zigarettenkippen, Trinkgefäßen, einem als Reinigungsmittel benutztes Taschentuch, Maskierungsmittel oder Werkzeuge wie Fesselungswerkzeugen abgesucht werden. Davon zu entnehmende Spuren können Speichel, Sperma oder Fingerabdrücke sein.[166]

Falls der Verdacht einer autoerotischen Handlung besteht, sollte verstärkt nach Hinweisen gesucht werden. Häufig erfolgt dabei eine Strangulation vor einem Spiegel im geschlossenen Raum, Pornodarstellungen (Heft, Video) oder Damenkleider befinden sich typischerweise in unmittelbarer Nähe.[167]

Bei sogenannten Einsteigervergewaltigungen muss der Tatort auch nach Spuren untersucht werden, die auf das Eindringen hindeuten.

„Die Tatortuntersuchung zielt darauf ab, den objektiven Tatbefund aufzunehmen"[168] und Spurensuche zu betreiben, das heißt um Sachbeweise und Spuren festzustellen.

Die Spuren müssen demnach aufmerksam und explizit untersucht werden, da es sich auch um Trugspuren oder fingierte Spuren handeln kann. Trugspuren sind materielle Veränderungen, die nicht im Zusammenhang mit der Begehung der Straftat entstanden sind, sondern durch Tiere oder für die

---

[164] vgl. Böhle et al (1986): S. 24
[165] vgl. Weihmann (2004): S. 96-100
[166] vgl. Pfefferli (2002): Ziffer 1.4
[167] vgl. Gemann/Sigrist: S. 33
[168] Clages (2004): S. 96

Ermittlungen unrelevante Handlungen vor oder nach der Tat. Fingierte Spuren hingegen werden bewusst gelegt, um die Ermittler zu täuschen. Häufig soll mit einer Nachstellung der geschilderten Tat oder der Tatumstände oder -beobachtungen herausgefunden werden, ob es sich um ein vorgetäuschtes Sexualdelikt oder eine falsche Verdächtigung handelt: Ein Anzeigenerstatter behauptete, er habe durch das Schlüsselloch in das Badezimmer geguckt und dort gesehen, wie der Täter das Opfer in der Badewanne in einer bestimmten Position vergewaltigt habe. Mithilfe einer Rekonstruktion am Tatort stellte sich jedoch heraus, dass die Badewanne mit Blick durch das Schlüsselloch absolut nicht einsehbar ist. Der Mann gestand daraufhin seine Täuschungsabsicht.[169]

Der gesamte Tatort sollte mit einem Maßstab fotografiert werden.
Es sollten auch Vergleichsspuren gesichert werden, beispielsweise Erde, Steinchen oder Pflanzenteile, um diese dann mit möglichen an der Bekleidung oder am Körper gefundenen Spuren zu vergleichen.

Zur Ergebnisbewertung wird anschließend das gesamte Tatgeschehen - genutzte Zu- und Abgangswege des Täters, Handlungen des Täters und des Opfers - erschlossen: Dies ermöglicht Rückschlüsse zum Tatgeschehen, das Zusammenfassen von Informationen über den Täter, die Erschließung weiterer Ermittlungsrichtungen, die Einleitung von Maßnahmen zur Täterverfolgung oder –feststellung und die Dokumentation der Ergebnisse der Tatortarbeit.[170]

---

[169] LKA 42
[170] vgl. Clages (2004): S. 110

4.1.2 Spuren am mutmaßlichen Opfer

Für die forensische Beweiserhebung müssen die Befunde der Anamnese, der körperlichen und genitalen Untersuchung auf Verletzungen und Spuren des angeblichen Opfers, sowie der Inaugenscheinnahme der Bekleidung ein Gesamtspurenbild über die Tat ergeben. Dem zu Grunde liegen eine genaue Inspektion, eine standardisierte Asservierung der Spurenträger sowie eine exakte Dokumentation zur Interpretation des Befundmusters.[171]

4.1.2.1 Rechtsmedizinische Begutachtung

Die rechtsmedizinische Begutachtung und der Befundbericht spielen eine wichtige Rolle in der Ermittlung von sexuellen Nötigungen und Vergewaltigungen. Daher sollten die Untersuchung und die Dokumentation der Befunde sehr genau und ausführlich erfolgen.[172] „Bei der Bearbeitung von Sexualdelikten ist die tatzeitnahe Beweissicherung besonders wichtig, oft aber auch besonders schwierig. Das erfordert eine sorgfältige Abwägung zwischen Beweissicherung und Rücksichtsnahme."[173]

Bei dem Verdacht eines Sexualdeliktes findet die rechtsmedizinische und gynäkologische Untersuchung in Hamburg im Universitätsklinikum Eppendorf statt, dem folgt dann die Vernehmung. Momentan wird eine Änderung dieser Reihenfolge überlegt, da es dann für das Opfer möglicherweise einfacher ist und die Vernehmung Hinweise für die nachfolgende Untersuchung liefern kann. In der Regel erfolgt die körperliche Untersuchung in der Praxis freiwillig, doch es gäbe die Möglichkeit, sie gemäß §81c I,II StPO mit Zwang durchzusetzen.[174]

Anhand der rechtmedizinischen Untersuchung soll geprüft werden, ob sexueller Kontakt stattgefunden hat, in welchem Zeitraum er stattgefunden hat, ob der sexuelle Kontakt freiwillig oder unter Gewaltanwendung stattgefunden hat und ob der DNA zufolge ein Verdächtiger ausgeschlossen werden kann oder sich ein Verdacht bestätigen lässt.[175] Hat kein Sexualdelikt stattgefunden oder zumindest nicht so, wie es dargestellt wurde, bietet sich „bei der rechtsmedizinischen Untersuchung [...] in klassischen Fällen

---

[171] vgl. Tröger (2004): S. 1131
[172] vgl. Pollak/Saukko (2000): S. 363
[173] Waldemar/Hamacher (1990): S. 39
[174] LKA 42; Verweigerung nach §81cIII
[175] vgl. Pollak/Saukko (2000): S. 397

ein Befundbild, das mit der oft dramatisch vorgetragenen Schilderung des angeblichen Tathergangs merkwürdig kontrastiert"[176].

Die Verletzungen am Körper des angeblichen Opfers und die Beschädigungen und Spuren an der Kleidung können in vielen Fällen unter anderem Schlussfolgerungen hinsichtlich der physischen Kraft und der Größe des Beschuldigten zulassen. Stehen diese im krassen Gegensatz zu dem Erscheinungsbild des Tatverdächtigen, so sollte dies Zweifel erwecken.

4.1.2.1.1 Anamnese

Die Anamnese ist die Frage nach dem Ereignis, dem Allgemeinzustand und den aktuellen subjektiven Beschwerden der zu untersuchenden Person. Eine exakte Anamnese beinhaltet eine orientierende Befragung zur Vorgeschichte zur objektiven Beurteilung des möglichst genauen Tathergangs und zur Tatzeit. Dies sollte in lockerer Form und entspannter Umgebung geschehen, um dabei keine Symptome zu suggerieren.[177]

Besondere Sorgfalt bei der Anamnese und der Befundaufnahme ist geboten, wenn ein Patient den Arzt ausdrücklich bittet, ihm Verletzungen oder Misshandlungsfolgen zu bescheinigen.[178]

Zunächst sollte das angebliche Opfer bei der Anamnese nach dem Tathergang sowie Datum und Uhrzeit des Deliktes gefragt werden. Anschließend muss die Art des Geschlechtsverkehrs – oral, vaginal oder anal – geklärt werden. „Ausschließlich anale oder orale Vergewaltigungen schilderten Frauen bei Vortäuschungen und falschen Verdächtigungen in wenigen Ausnahmefällen"[179], meist werden komplexere Handlungsabläufe mit einer Kombination vaginalen Geschlechtsverkehrs und einem anderen Eindringen in den Körper beschrieben. Vaginaler Geschlechtsverkehr wird öfter als orale oder anale Praktiken angegeben. In diesem Zusammenhang sollte hinterfragt werden, ob eine Ejakulation stattgefunden hat beziehungsweise bemerkt werden konnte und ob der Täter ein Kondom benutzte – eine Ejakulation wird bei einem Vortäuschen oder einer falschen Verdächtigung häufig verneint, um nicht in Erklärungsnot für nichtvorhandene Spuren zu kommen. Des Weiteren sollte das angebliche Opfer die extragenitale Gewalteinwirkung mit Art und Lokalisation, die Benutzung eines Werkzeugs

---

[176] Pollak (2004): S. 1231
[177] vgl. Tröger (2004): S. 1135; vgl. Loimer et al (2001) S. 26
[178] vgl. Schwerd (1980): S. 22
[179] Tröger (2004): S. 1135

und die eigenen Abwehrmaßnahmen darlegen. Wird Gewalt gegen den Hals geschildert, muss der behandelnde Arzt erfragen, ob der Person dabei schwarz vor Augen wurde, sie in Luftnot oder Panik geriet, bewusstlos wurde oder ob ein Urin- und/oder Kotabgang stattfand.

Zudem sollte geklärt werden, ob das Opfer zum Tatzeitpunkt oder zum Zeitpunkt der Untersuchung unter Alkohol- oder Drogenkonsum stand.

Berichtet das angebliche Opfer von aktuell bestehenden extragenitalen Symptomen, muss es nach abdominalen Schmerzen, Kopfschmerzen, Ohrgeräuschen oder bei geschilderter Gewalt gegen den Hals nach Schluckstörungen, Halsschmerzen und Heiserkeit gefragt werden. Wird von aktuell bestehenden anogenitalen* Symptomen erzählt, sollte der Arzt nach Blutungen, Schmerzen und vorbestehenden anogenitalen Erkrankungen wie einer vaginalen Infektion fragen.

Außerdem sind folgende Zusatzangaben von großer Bedeutung: das Datum der letzten Menstruation sowie des letzten einvernehmlichen Geschlechtsverkehrs und die Einnahme von Antikonzeptiva oder anderer Verhütungsmaßnahmen. Zudem sollte gefragt werden, ob eine Körper- bzw. Genitalreinigung, ein Wechsel der Bekleidung nach dem Vorfall und eine Mundhygiene, insbesondere nach Oralverkehr, vorgenommen wurde. Eine eventuelle Medikamenteneinnahme sowie die letzte Miktion und Stuhlgang sind zu hinterfragen.[180]

Auch sollten der betreffenden Person Fragen nach ihrem sozialen Umfeld und einer eventuellen aktuellen Bedrohungssituation gestellt werden.[181]

4.1.2.1.2 Extragenitale Untersuchung

Die Inaugenscheinnahme des gesamten Körpers ist sehr wichtig, da häufig gar nicht der Beischlaf, sondern die Gewaltanwendung bestritten wird.

Am häufigsten beschreiben die Personen, die in Täuschungsabsicht eine Anzeige wegen Vergewaltigung oder sexueller Nötigung erstatten eine Anwendung leichter Gewalt: Ein fester Haltegriff an den Händen, das Aufreißen von Kleidungsstücken, das Zerren ins Schlafzimmer oder andere Örtlichkeiten, das Schubsen ins Bett oder auf die Couch, ein Auseinanderdrücken der Beine, ein auf den Boden Reißen oder Drücken gegen Pkw/Wand/Baum oder das Liegen auf dem Opfer. Selten hingegen wird starke körperliche Gewalt – beispielsweise in Form von Ohrfeigen, Fußtritten, Schlägen mit Gegenständen oder Fesselungen – und extreme körperliche Gewalt wie das Einführen von Gegenständen in Vagina oder Anus, er-

---

[180] vgl. Tröger (2004): S. 1135; vgl. Loimer et al (2001): S. 27
[181] vgl. Loimer et al (2001): S. 27

hebliche Verletzungen durch Waffen oder gefährliche Werkzeuge oder körperliche Gewalt mit Morddrohungen behauptet.[182] Eine Untersuchung der Rechtsmedizin Hannover in den Jahren 1978 bis 1987 ergab jedoch, dass 75 bis 80% der Vergewaltigungen mit einfacher oder schwerer körperlicher Gewalt erfolgen.[183] Die häufigsten Tatmittel reichen von Festhalten über Niederdrücken und Schlägen bis hin zur Strangulation. Sehr selten erfolgte eine Bedrohung mit Waffen, ein Einsperren oder Drogenbeibringung.[184]

Bei den körperlichen Untersuchungen wegen Sexualstraftaten wurden bei 58% der Opfer Spuren von Gewalteinwirkung gefunden[185]. Eine andere Quelle besagt, dass sogar in 75% der Fälle wenigstens kleine Spuren wie Kratzer und Griffspuren zu entdecken sind.[186] Selbst bei fehlender Gegenwehr sind in 20% der Fälle noch Verletzungen zu erkennen.[187] In 30 bis 40%, also bei knapp einem Drittel aller Opfer von Vergewaltigungen, sind keine Verletzungen zu erkennen. Doch ein Nichtvorhandensein von Verletzungen heißt nicht, dass keine Vergewaltigung stattgefunden hat.[188] Ob Spuren zu finden sind, ist auch immer abhängig von der zeitlichen Differenz zwischen angeblicher Tat und der Anzeige beziehungsweise der medizinischen Untersuchung – und nicht selten wird ein Sexualdelikt erst einige Zeit nach der Tat angezeigt. Von insgesamt 140 Anzeigen in Bayern wegen eines angeblichen Sexualdelikts wurde der Zeitpunkt der Anzeigenerstattung untersucht. Dabei stellte sich heraus, dass 52 unmittelbar nach der Tat, 18 am Folgetag, 20 in der Folgewoche, sechs im Folgemonat und 44 Delikte erst nach mehr als einem Monat angezeigt wurden.[189]

Die Verletzungen müssen so exakt wie möglich beschrieben werden. Dazu gehört die genaue Lokalisation, Art, Länge, Breite, Färbung, Wundcharakter, Beschaffenheit von Wundrändern und die Tiefe der Verletzungen. Unterstützt werden soll diese Dokumentation durch photografische Aufnahmen.[190] Eine Skizze des Körpers, in der die Befunde eingezeichnet und beschrieben werden, kann sinnvoll sein.[191] Grundsatz bei der Beschreibung

---

[182] vgl. Elsner/Steffen (2005): S. 254/255
[183] vgl. Rauch (2004); vgl. Tröger (2004): S. 1136
[184] vgl. Tröger (2004): S. 1135-1136
[185] vgl. Rauch (2004)
[186] vgl. http://www.kriminalportal.de/thema/index_47060_47067.cfm
[187] vgl. Tröger (2004): S. 1136
[188] vgl. Tröger (2004): S. 1140
[189] vgl. Elsner/Steffen (2005): S. 184
[190] vgl. Schwerd (1980): S. 22
[191] vgl. Pollak/Saukko (2000): S. 364

der festgestellten Befunde ist, noch keine Diagnose zu machen. Denn nur so können später Rückschlüsse auf das Entstehungsalter und die Entstehungsursachen gemacht und auch Fehlangaben erkannt werden.[192] Der Nachweis einer Gewaltanwendung ist ohne beweiskräftig dokumentierte physische Verletzungen schwer zu führen. Bei nicht vorgetäuschten Sexualdelikten spiegelt das Verletzungsbild den Tatablauf und die Tatumstände wider.[193] Fehlen jegliche Verletzungen, kann dies Zweifel an der Glaubwürdigkeit hervorrufen.

Bei der Inspektion des gesamten Körpers sind besonders die Körperpartien wichtig, die schwierig einzusehen sind, zum Beispiel die behaarte Kopfhaut und die innere Mundschleimhaut.[194] „Auch besonders empfindliche Partien wie Augenregionen, Lippen und Brustwarzen können in Mitleidenschaft gezogen sein."[195]

Der Körper muss auf Abwehrverletzungen an dafür typischen Körperregionen, den Parierseiten der Arme und Hände, untersucht werden.[196]
Besonders charakteristische Verletzungen für eine wirklich stattgefundene Vergewaltigung sind Hämatome an den Oberarmen und den Innenseiten der Oberschenkel. Diese Haut-/Unterhauteinblutungen als Folge stumpfer Gewalteinwirkung entstehen vor allem über den Knochen als typische Verletzung bei Bodenlage, aber auch infolge von Fixieren und Greifen an den Handgelenken oder durch Schläge. Die Oberschenkelinnenseiten und Knie können außerdem vom Auseinanderdrängen der Oberschenkel einen Abdruck der Finger des Täters in Form streifiger Rötungen aufweisen.[197]
Des Weiteren sind häufig am Hals, am Unterbauch, an der Brust und am Gesäß Hautkratzer zu erkennen, demnach oberflächliche Hautdefekte mit scharfer oder unscharfer Randbegrenzung, die insbesondere auf der Bauchhaut durch das gewaltsame Entkleiden oder an Gesäß und Rücken durch ein Niederdrücken auf den Boden entstanden sein können.[198]
Ebenfalls häufig Folge von Sexualstraftaten sind Bissverletzungen oder sogenannte Knutschflecken, bevorzugt an Hals und Brüsten, welche kaum durch Selbstbeibringung entstanden sein können.[199] Meist hinterlassen diese Speichelspuren, die dementsprechend gesichert und untersucht werden

---

[192] vgl. Tröger (2004): S. 1136; vgl. Pollak /Saukko (2000): S. 364
[193] vgl. Pollak (2004): S. 1231
[194] vgl. Tröger (2004): S. 1136
[195] Pollak (2004): S. 1231
[196] vgl. Tröger (2004): S. 1140
[197] vgl. Tröger (2004): S. 1137-1139; vgl. Forster/Ropohl (1989): S. 127/128
[198] vgl. Tröger (2004): S. 1137; vgl. Germann/Sigrist : S. 32
[199] vgl. Forster/Ropohl (1989): S. 128

müssen; gegebenenfalls kann anhand dessen eine DNA-Analyse gemacht werden.

Typische Befunde sind außerdem rötliche streifenartige Hauterscheinungen und Abschürfungen als Zeichen stumpfer und tangentialer Gewalt.[200] Wurde auf die Person mit scharfer Gewalt eingewirkt, so müssen Schnitte und Stiche festzustellen sein.
Liegt die angebliche Tat erst einige Stunden zurück, ist besonders auf frische Verletzungen zu achten.

Im Gesicht können durch das Zuhalten von Mund oder Nase Kratzeffekte erkennbar sein. Wurde in Form von Faustschlägen oder ähnlichem Gewalt gegen den Mund angewendet, so können die Lippenbändchen oder die Mundschleimhaut verletzt sein oder Defekte aufweisen.[201]
Litt die zu untersuchende Person unter Würge- oder Drosselhandlungen, so sind in der Regel am Hals Würgespuren, an den Augenlidern und -bindehäuten konjunktivale* Blutungen sowie petechiale* Gesichtshautblutungen als Zeichen komprimierender Gewalteinwirkung zu sehen.[202]
Verletzungen infolge einer echten Vergewaltigung oder sexuellen Nötigung sind schwer zu unterscheiden von Verletzungen, die „während eines (leidenschaftlich oder heftig ausgeführten) einvernehmlichen Geschlechtsverkehrs oder anderer einvernehmlicher sexueller Handlungen entstehen können"[203], denn danach sind ja ebenfalls Sperma- oder andere medizinisch/serologische* Spuren vorhanden. Auch Hämatome*, Prellungen, Kratzer, Hautabschürfungen oder sogar ein Riss im Scheidengewölbe können durch solche einvernehmlich durchgeführten sexuellen Handlungen entstanden sein. Bei den festgestellten Verletzungen könnte es sich außerdem um Verletzungen handeln, die aus einer Körperverletzung durch den Freund, Ehe- oder Lebenspartner resultieren oder aus einem anderen Vorfall, der mit dem Beschuldigten und der angeblichen Tat nichts zu tun hat.[204]
„Spurenmaterial sollte man möglichst reichlich, jedoch jede Spur getrennt, asservieren, genau kennzeichnen und möglichst schnell untersuchen lassen."[205]

---

[200] vgl. Tröger (2004): S. 1137
[201] vgl. Tröger (2004): S. 1137
[202] vgl. Pollak (2004): S. 1231
[203] vgl. Elsner/Steffen (2005): S. 239
[204] vgl. Elsner/Steffen (2005): S. 235
[205] Schwerd (1980): S. 24

An den Händen und vor allem unter den Fingernägeln können sich abgekratzte Hautpartikel von Abwehrreaktionen, ebenso Blut, Haare, Textilfasern, Pflanzenfasern und weitere Spuren befinden, die sichergestellt und untersucht werden müssen.[206] Außerdem müssen Haar- und Faseruntersuchungen erfolgen, denn bei der Berührung von Täter und Opfer findet in der Regel eine wechselseitige Spurenübertragung statt.[207] Der Täter kann Hautgewebespuren, Bissspuren, Blutspuren, Spermaspuren, Haarspuren, Schweißspuren, Speichelspuren und Geruchsspuren, aber auch Haare und Fasern an dem Körper der Geschädigten hinterlassen haben.[208] Spermaspuren auf der Haut sind innerhalb der dem Delikt folgenden 72 Stunden zu sichern.[209] Sie können mit einem angefeuchteten Wattetupfer abgerieben werden, der dann luftgetrocknet werden muss.[210] Schmutz- und Naturstoffantragungen am Körper wie Gras sind wichtige Spuren zur Tatrekonstruktion.[211]

Bei vermeintlichem Oralverkehr müssen Abstriche aus der Mundhöhle genommen werden. In der Mundschleimhaut ist Sperma innerhalb der dem Vorfall folgenden sechs bis vierundzwanzig Stunden nachweisbar.[212]
Die jeweilige Art der Spur muss festgestellt werden und die Spur sollte einer Person zugeordnet werden.[213]

Da sich auch an dem Körper des Opfers oder an dessen Kleidung Sperma befinden kann, kann die Person mit Hilfe eines ultravioletten Lichtes beleuchtet werden: „Scanning the victim with an ultraviolet light source may reveal the fluorescence of dried semen, which was not visible in plain light."[214]

Eine Asservierung von Blut-/Urinproben für toxikologische Analysen ist sinnvoll zur Untersuchung auf betäubende Substanzen wie Alkohol, Medikamente, Drogen oder andere Gifte, mit denen das Opfer wehrlos gemacht

---

[206] vgl. Schwerd (1980): S. 29; vgl. Pfefferli (2002): Ziffer 1.4; vgl. Germann/Sigrist: S. 32
[207] vgl. Schwerd (1980): S. 29; vgl. Böhle et al (1986): S. 23
[208] vgl. Böhle et al (1986): S. 23/24
[209] LKA 42
[210] vgl. Waldemar/Hamacher (1990): S. 52
[211] vgl. Tröger (2004): S. 1136
[212] LKA 42
[213] vgl. Friedrich (2002)
[214] Green (2000): S. 398

werden konnte, die es aber auch selber eingenommen haben könnte.[215] Das Blut wird geprüft auf Artspezifität und Blutgruppe. Außerdem sollten ca. fünf Milliliter Blut als Vergleichsblutprobe genommen werden.[216]

4.1.2.1.3 Selbstverletzungen

Des Weiteren ist es möglich, dass es sich bei den festgestellten Verletzungen um Selbstbeibringungen handelt, „um die angeblich vorgefallene Vergewaltigung oder sexuelle Nötigung glaubhafter erscheinen zu lassen"[217]. Dies ist bei vorgetäuschten Sexualdelikten häufig der Fall: Die angeblichen Opfer versuchen durch Selbstverletzungen „mit einem Minimum an Aufwand (= Gefahr oder persönliches Opfer) ein Maximum an Erfolg zu erzielen".[218]

Für Geübte sind Selbstverletzungen jedoch anhand ihres auffallenden Verletzungsbildes leicht von anderen aus einer Straftat resultierenden Verletzungen zu unterscheiden. Die dramatische und tragische Schilderung der Tat steht meist offensichtlich im Widerspruch zu den einheitlichen Verletzungen.[219]

Wurden die Verletzungen selbst beigefügt, so bietet sich in der Regel ein recht einheitliches Verletzungsbild. „Die Verletzungen bleiben gewöhnlich oberflächlich, sind manchmal durchaus großflächig, oft mit sehr gleichförmigen, gradlinigen, leicht gebogenen oder sich überkreuzenden Verletzungsmustern."[220] Sie weisen eine gleichmäßig geringe Tiefe auch an gewölbten Körperoberflächen auf. Meist sind es Schnitt-, Ritz- oder Schürfwunden von geringer Intensität, aber in großer Zahl. Diese Vielzahl von Einzelläsionen* erreicht eine lediglich geringe Gesamtverletzungsschwere. Die Selbstverletzungen sind geprägt von einer Uniformität, Langstreckigkeit, Gruppierung und einer parallelen Anordnung; es kann sich sogar um musterartige und symbolische Darstellungen handeln. Damit stehen sie offensichtlich im Widerspruch zur Dynamik des behaupteten Kampfgeschehens.[221]

---

[215] vgl. Germann/Sigrist: S. 32; vgl. Pfefferli (2002): Ziffer 1.4; vgl. Pollak/Saukko (2000): S. 363
[216] vgl. Waldemar/Hamacher (1990): S. 52
[217] Elsner/Steffen (2005): S. 235
[218] Schwerd (1980): S. 23
[219] vgl. Pollak/Saukko (2000): S. 392
[220] Elsner/Steffen (2005): S. 236
[221] vgl. Pollak (2004): S. 1232; vgl. Germann/Sigrist: S. 29; vgl. Pollak/Saukko (2000): S. 392

Beigebracht werden die Verletzungen in der Regel mithilfe spitzer oder schneidender Gegenstände, bevorzugt Messer, Rasierklingen, Nagelschere, Glasscherbe oder Fingernägel. Die Schadensart, ob nur Schnitte oder nur Kratzer ist dabei stets die gleiche.[222] Manchmal werden Exkoriationen* durch das Schürfen der Haut an rauen Oberflächen oder mit kantigen Gegenständen zugefügt.[223] In Einzelfällen können zudem selbstbeigebrachte Hämatome – durch Quetschung abgehobener Hautfalten, ein gewolltes Anstoßen, Stürzen oder Beißen – festzustellen sein. Sehr selten werden die Verletzungen durch eine Hilfsperson beigebracht.[224]

Lokalisiert sind diese Läsionen bevorzugt an mit den eigenen Händen leicht erreichbaren Körperpartien wie Arme, Stirn, Wangen, Rumpfvorderwand, Hals und Beine. Dabei kann es auch vorkommen, dass beide Seiten symmetrisch verletzt sind oder die der Arbeitshand gegenüber liegenden Seite stärker betroffen ist.[225] Empfindliche und besonders schmerzhafte Bereiche wie Augen, Lippen, Genital und Mamillen* werden dabei ausgespart.[226]

Echte Deckungs- oder Abwehrverletzungen sind demnach nicht vorhanden; Lage und Anordnung der Läsionen passen nicht zu der angegebenen Gegenwehr.

Häufig fallen Frauen, die selbstverletzendes Verhalten zeigen, durch mehrmalige Anzeigen einer Vergewaltigung oder sexuellen Nötigung auf. Besteht der Verdacht desgleichen, so können lineare Narben unterschiedlichen Alters von früheren Selbstverletzungen darauf deuten: „Bei einer wiederholten Selbstbeibringung von Verletzungen können entsprechende Narben auf frühere Vorfälle hinweisen"[227]

Stellen sich die Verletzungen als selbstbeigebracht heraus, sollte der betreffenden Person nicht sofort unterstellt werden, sie sei nicht Opfer eines Sexualdelikts geworden, denn es gibt in Einzelfällen auch Frauen, die nach einer tatsächlich erfolgten Vergewaltigung ein selbstverletzendes Verhalten zeigen. Diese Artefakte* sind in typischen Fällen leicht zu diagnostizieren [228] Des Weiteren kann es sich bei den Selbstverletzungen auch „um auto-

---

[222] vgl. Germann/Sigrist: S. 29

[223] vgl. Pollak/Saukko (2000): S. 393

[224] vgl. Pollak (2004): S.1232

[225] vgl. Pollak/Saukko (2000): S. 392

[226] vgl. Pollak (2004): S. 1232

[227] Pollak (2004): S. 1231

[228] vgl. Pollak (2004): S. 1234

aggressive Reaktionen auf psychisch extrem belastende, als ausweglos empfundene Lebenslagen handeln"[229].

4.1.2.1.4 Genitale Untersuchung

Die forensisch-gynäkologische Untersuchung ist häufig nur eine äußere Untersuchung der Genitalregion, wobei genitale Verletzungen infolge eines Sexualdeliktes eher selten sind. Im Zweifel sollte zusätzlich eine fachgynäkologische Untersuchung - eine instrumentelle Untersuchung mit Vaginoskop* - gemacht werden.

Der Vorgang bei der gynäkologischen Untersuchung eines Opfers ist wie folgt: Zunächst wird die eng angrenzende Oberschenkel- bzw. Gesäßschenkelregion inspiziert, ob dort beispielsweise Spuren vom Auseinanderdrücken entstanden sind. Anschließend erfolgt eine Besichtigung des äußeren Genitales und der Suche nach angetrockneten Ejakulatspuren oder anderem Fremdmaterial wie Haaren oder ähnlichem. Bei der Untersuchung der großen und kleinen Schamlippen, jeweils von innen nach außen, werden „auffällige Rötungen, Gefäßzeichnungen oder Defekte wie Oberhauteinrisse erfasst und protokolliert"[230]. An der Innenseite der Schamlippen und im Scheidenvorhof befinden sich häufig kaum sichtbare Hautschürfungen; dies ist als Folge der fehlenden physiologischen Befeuchtung oft der einzige Hinweis auf einen gewaltsamen Geschlechtsverkehr. Des Weiteren wird der Hymenalsaum* untersucht auf Kerben, Beulen und verheilte Risse.[231] Er kann auch auf Anzeichen der Defloration untersucht werden, doch die Vielfalt und Unterschiedlichkeit der Hymen* erschwert dies.[232] „There is a wide range of normal anatomical variation in the structures in the genital and anal region and studies have shown that many of the findings thought to be suggestive of sexual abuse are in fact present in the nonabused population."[233] Beweis für eine abgeheilte Deflorationsverletzung ist eine Einkerbung bis auf die Scheidenwand mit Vernarbung. Eine eindeutige Diagnose der frischen Defloration* erfolgt nur, wenn ein oder mehrere Einrisse mit Blutunterlaufungen, Schwellungen und Rötungen der Wundränder zu erkennen sind.[234] Einrisse können als Folge von einem gewaltsamen Eindringen oder Einführen von Gegenständen entstehen: „bei ungeschicktem und brüskem Vorgehen, insbesondere in abnormer Stellung

---

[229] Elsner/Steffen (2005): S. 258
[230] Tröger (2004): S. 1140
[231] vgl. Roberts/Evans (2000): S. 371
[232] vgl. Tröger (2004): S. 1140/1141
[233] Roberts/Evans (2000): S. 371
[234] vgl. Schwerd (1980): S. 23

oder bei gewaltsamer Einführung von Fingern oder eines Werkzeugs können sich die Einrisse über die Seitenwand hinaus in die Scheide, Harnröhre oder Damm fortsetzen und erhebliche Schmerzen oder sogar tödliche Blutungen verursachen"[235].

Es gibt also kaum eindeutige vaginale Befunde. Lediglich als Leitsymptome fungieren eine Rötung, Fluor, Blutungen, ein Brennen oder ein Juckreiz.[236]

Nach der Untersuchung des Genitals auf Verletzungen werden „Abstriche von sperma- und anderen sekretverdächtigen Auflagerungen am Körper, am Scheideneingang und in der Vagina"[237] gemacht. Mittels steriler Abstrichtupfer wird aus den hinteren dorsalen* Vaginaanteilen, dem hinteren Scheidengewölbe und Portio*, sowie vom äußeren Genital, dem Scheidenvorhof, Schamlippen und der Umschlagfalte jeweils ein Abstrich entnommen. Die Tupfer werden einzeln nacheinander auf einem Objektträger abgerollt und luftgetrocknet, denn bei einem bloßen Ausstreichen würden nur Anteile aus einer Seite des Tupfers auf den Objektträger übertragen werden. Sowohl die beschrifteten Objektträger als auch die Abstrichtupfer werden asserviert und können später zur Untersuchung angefärbt werden.[238] Diese Abstriche werden auf Sperma hin untersucht und serologisch ausgewertet.
Ein Zervixkanalabstrich* sollte innerhalb von 168 Stunden, also spätestens eine Woche nach der Vergewaltigung, erfolgen – auch bei persönlichen Reinigungsmaßnahmen, erinnerter fehlender Ejakulation des Täters, Menstruation oder Kondombenutzung sollte von diesen Zeiten nicht abgewichen werden [239] Die Dauer der Nachweisbarkeit von Spermien ist nicht eindeutig festgestellt, in der Regel sind aber bis zu zwölf Stunden viele Spermatozonen nachweisbar, nach 24 bis 48 Stunden nur noch vereinzelt.[240] Bewegliche Spermien lassen sich in der Regel fünf bis acht Stunden nach erfolgtem Geschlechtsverkehr nachweisen, wobei diese Zeitangabe abhängig ist vom vaginalen PH-Wert, Reinheitsgrad der Scheidenflora, Temperatur und dem Zyklusstadium. Das Sperma kann anhand einer DNA-Analyse identifiziert werden, wobei jedoch eine Verwechslungsgefahr mit Trichomonaden* besteht.[241]

---

[235]Tröger (2004): S. 1142
[236] vgl. Rauch (2004)
[237] Germann/Sigrist: S. 32
[238] vgl. Tröger (2004): S. 1142-1144
[239] vgl. Anhang Zettel LKA
[240] vgl. Tröger (2004): S. 1144
[241] vgl. Tröger (2004): S. 1144

Die serologische* Untersuchung der Ejakulatspuren gibt wertvolle Hinweise auf den Täter: „Neben der Bestimmung der Merkmale des ABO-Systems erlauben Spermaspuren auch die Analyse von Isoenzympolymorphismen* und die DNA-Analyse"[242]. Um diese Untersuchung zu gewährleisten, sollten immer mehrere Proben entnommen werden.

„Abstriche vom äußeren und inneren Genitalbereich, sowie anal und oral abgenommene Abstriche sind obligatorisch."[243] Insbesondere bei Hinweisen auf einen stattgefundenen oralen oder analen Verkehr sollten dementsprechend Abstriche entnommen werden. Nach erfolgtem analem Missbrauch können zudem Rötungen, Analeinrisse oder venöse Stauungen festzustellen sein. Oberflächliche Verletzungen heilen schnell ab, der Analrand kann jedoch geschwollen oder die Analöffnung erweitert sein. Außerdem kann Samenflüssigkeit und/oder ein tiefer Schleimhauteinriss von der Analhaut in die Schleimhaut eine Folge von einem analen Eindringen sein.[244] Nachweise anhand eines Afterabstriches sind innerhalb von 72 Stunden nach dem erfolgten Delikt[245] sinnvoll, um anhand der DNA-Analyse festzustellen, ob die nachgewiesenen Zellen vom Opfer stammen.
Ein Spermiennachweisbarkeit nach Oralverkehr sollte innerhalb der folgenden zwölf bis vierundzwanzig Stunden erfolgen.

Um Haarspuren zu sichern, sollte das Schamhaar ausgekämmt werden, wobei lose Haare in einer Papiertüte oder ähnlichem gesichert werden. Dabei kann es sich auch um fremde Haare handeln, denn auch Schamhaare können übertragen worden sein. Außerdem sollten zu Vergleichszwecken einige Schamhaare des Opfers ausgezupft, aber nicht abgeschnitten werden.[246]

Auch sollten Blutspuren gesichert werden, wobei es jedoch keinesfalls zur Verwechselung mit Menstruationsblut kommen sollte.[247]

„Grundsätzlich gilt: Je mehr Spurenmaterial gesichert wird und je schneller es zur Untersuchung gelangt, desto bessere Resultate lassen sich erzielen."[248]

---

[242] Waldemar/Hamacher (1990): S. 52
[243] Loimer et al (2001): S. 27
[244] vgl. Rauch (2004)
[245] vgl. Anhang Zettel LKA
[246] vgl. Waldemar/Hamacher (1990): S. 52
[247] vgl. Pfefferli (2002): Ziffer 1.4
[248] Waldemar/Hamacher (1990): S. 52

Ist das angebliche Opfer männlich, wie es meist in einem homosexuellen Missbrauchsdelikt vorkommt, so findet ebenfalls zu Beginn eine sorgfältige Anamnese, die einen ähnlichen Fragenkatalog beinhaltet, statt. Anschließend wird ebenfalls der gesamte Körper einschließlich der Genitalorgane inspiziert und Abstriche gefertigt. Außerdem muss insbesondere bei der Schilderung einer analen Penetration eine anale Inaugenscheinnahme erfolgen, bei der gegebenenfalls dort ausgedehnte Fissurbildungen zu sehen sind, die durch Analverkehr, dem Benutzen von Gegenständen oder dem sogenannten „fisting", das Einführen der Faust in den After, entstanden sein können. Auch der sexuelle Missbrauch eines Mannes durch eine Frau zum Beispiel mit Hilfe von Gegenständen ist nicht auszuschließen.[249]
Zu beachten ist dabei jedoch, dass Befunde im Genital- und Analbereich nur wenige Tage nachweisbar sind – ein Penisabstrich ist bis zu 72 Stunden nach dem Delikt sinnvoll. Um den sogenannten FISH-Nachweis* durchzuführen, anhand dessen weibliche Zellen nachgewiesen werden können, sollte ein Abstrich innerhalb von vierundzwanzig Stunden nach dem Geschlechtsverkehr erfolgen.[250]

---

[249] vgl. Tröger (2004): S. 1146/1147
[250] vgl. Anhang Zettel LKA

4.1.2.2 Spuren an der Kleidung

Das angebliche Opfer sollte zunächst zur Kleidung befragt werden, ob die während beziehungsweise nach der Tat getragene Kleidung noch vollständig vorhanden ist, ob diese gereinigt wurde und wenn ja, wie. Außerdem muss geklärt werden, ob die Kleidung nach der Tat eventuell von einer anderen Person getragen wurde und „welche Personen außer dem Täter [] unmittelbar vor und nach der Tat mit der Bekleidung in Berührung gekommen sein"[251] könnte.

Die entsprechende Ober- und Unterbekleidung, besonders Slip, gegebenenfalls Slipeinlage und Tampon muss in jedem Fall sichergestellt werden.[252] Die Kleider sollten wenn möglich auf einer Unterlage, zum Beispiel einer Folie ausgezogen werden, um einem Spurenverlust vorzubeugen.[253] Jedes Kleidungsstück muss separat in einen einzelnen Sack gepackt werden, um einwandfreie kriminaltechnische Untersuchungen zum Beispiel auf Textilfaserspurenübertragung und forensisch-genetische Analysen auf biologische Spuren zu gewährleisten.[254] Die Zeitspanne für das Asservieren der verfügbaren ungereinigten Unterwäsche beziehungsweise Kleidung ist unbegrenzt.[255] Doch auch wenn die Kleidung bereits gereinigt wurde, ist ein Spermanachweis an der Kleidung noch möglich. Des Weiteren sollte eine Fotodokumentation der Kleidung gefertigt werden.[256]

An der Bekleidung des Opfers sind unterschiedliche beweiserhebliche Spurenarten zu erwarten: Oft finden sich bei einem echten Sexualdelikt Abdruckmuster der getragenen Bekleidung als Negativabdruck nach stumpfer Gewalt.[257] „Typisch sind Zerreißungen im Brust- und Genitalbereich. Durch ein gewaltsames Herunterziehen von Hose oder Rock können Knöpfe abgerissen oder Reißverschlüsse beschädigt sein."[258] Aber auch Verschmutzungen im Rücken- und Gesäßbereich sind häufig. Boden- und Pflanzenspuren können sowohl im Rücken-, Gesäß- und Ellenbogenbereich, an den Hosenbeinen bis in Kniehöhe, am Schuhwerk als auch – sogar

---

251 Schlieper: S. 53 (zit. nach Clages 2004: S. 524)
252 vgl. Pfefferli (2002): Ziff 1.4
253 vgl. Tröger (2004): S. 1139
254 vgl. Germann/Sigrist: S. 32
255 vgl. Anhang Zettel LKA
256 vgl. Pfefferli (2002): Ziffer 1.4
257 vgl. Tröger (2004): S. 1139
258 Clages (2004): S. 524

nach längerer Zeit – am Saum und im Hosenumschlag zu finden sein.[259] Spurenmaterial wie Erde, kleine Steinchen und pflanzliches Material muss gesucht und asserviert werden, ebenso wie aufgelagerte Spuren, zum Beispiel Haare, Lacksplitter, Pflanzenreste, Blut-, Sekret- und Haarspuren an den Kleidungsstücken. Es kann auch zur Faserübertragung zwischen Täter und Opfer gekommen sein, der sogenannten Kreuzspur. So können sich Haare, Textilfasern von der Täterbekleidung, Speichel, Schweiß, Blutspuren und vor allem an den Wäschestücken Genitalsekretspuren oder Sperma befinden.[260]

Außerdem können an der Bekleidung Geruchsspuren, zum Beispiel Rauch, Essen oder Industriegeruch haften. Vor allem wenn an dem besagten Tatort ein bestimmter Geruch wahrzunehmen ist oder die zu Untersuchende einen solchen schildert, müsste auch die getragene Kleidung danach riechen. Hunde können diese verschiedenen Gerüche unterscheiden. Doch auch wenn der Ablauf des Verfahrens und die Reaktion der Hunde mit Videoaufnahme erfolgt, wird dies nur als Indizbeweis verwertet.[261]

Hat die Straftat nicht so stattgefunden, wie von der zu untersuchenden Person berichtet, oder ist die Person gar nicht Opfer eines Sexualdeliktes geworden, so stimmen die Kleiderbeschädigungen nicht mit dem Tatvorgehen und den darin beinhaltenden Körperverletzungen überein. Es kann sein, dass das angebliche Opfer die Kleidung eigenhändig zerrissen, beschädigt oder beschmutzt hat, um das Delikt vorzutäuschen. Doch auch hier ist Vorsicht geboten, denn auch nach einem echten Sexualdelikt ist die Kleidung manchmal unversehrt.[262]

---

[259] vgl. Clages (2004): S. 527; vgl. Forster/Ropohl (1989): S. 128
[260] vgl. Germann/Sigrist: S. 32; vgl. Pfefferli (2002): Ziffer 1.4
[261] vgl. Weihmann (2004): S. 112-114
[262] vgl. Pollak/Saukko (2000): S. 392

4.1.3 Spuren am Tatverdächtigen

Der Tatverdächtige sollte sich ebenfalls einer medizinischen Untersuchung unterziehen.

Der Körper sollte ebenso wie der des Opfers auf Kampfspuren, Kratzspuren vor allem im Gesicht, am Hals und an den Händen sowie auf Abwehrverletzungen wie Hautunterblutungen und Bisswunden untersucht werden.[263] Außerdem sind in zwanzig Prozent der Sexualstraftaten Anhaftungen von Fremdhaaren am Körper des Täters festzustellen.[264]

Um den Penis sorgfältig in Augenschein zu nehmen, wird die Vorhaut zurückgezogen. Dabei sollte besonders auf Verletzungen wie zum Beispiel einen Einriss des Präputium* selbst oder Ausfluss oder Smegma* geachtet werden. Ebenfalls muss untersucht werden, ob sich weibliche Schleimhautzellen am Penis befinden – ein Nachweis von Scheidenepithelzellen* an Glied oder Schamhaaren ist bis zu fünf Tage nach dem Geschlechtsverkehr möglich. Ein Spermanachweis hingegen ist ein eindeutiger Hinweis für eine stattgehabte Ejakulation.

Des Weiteren sind zwei Abstrichuntersuchungen des männlichen Gliedes beim männlichen Tatverdächtigen sinnvoll: Einmal wird mit einem angefeuchteten Wattetupfer der Penisschaft mit nicht retrahiertem* Präputium* abgestrichen, beim zweiten Abstrich erfolgt dies an der Glans penis* und im Sulcus coronarius* mit einem angefeuchtetem Wattetupfer.[265]

Eine Blut- sowie eine Speichelprobe wird zum serogenetischen Abgleich, also zur DNA-Analyse entnommen. Dies ist auch als Vergleichsprobe sinnvoll, falls sich beispielsweise an der Kleidung des Opfers Blut befindet, oder um einen Abgleich mit anderen Spuren wie Haaren, Fasern oder Sperma zu machen. Ebenso ist eine Urinprobe sinnvoll und auch Haare samt Wurzeln sollten als Vergleichsmaterial genommen werden.

„An der Bekleidung des Tatverdächtigen können Spuren vorhanden sein, die durch die Gegenwehr des Opfers, durch sexuelle Handlungen, infolge von Verletzungen des Opfers und Täters oder am Tatort entstanden sind."[266] Dies können unter anderem Blutspuren an der Unterbekleidung, dem Penis oder einem Taschentuch sein. Die zur angeblichen Tatzeit getragene Kleidung muss in gleicher Art und Weise wie die des angeblichen Opfers sichergestellt, fotografiert und auf biologische Spuren – Blut, Haa-

---

[263] vgl. Clages (2004): S. 527/528
[264] vgl. Tröger (2004): S. 1147
[265] vgl. Tröger (2004): S. 1146
[266] Clages (2004): S. 527

re, Sekrete, übertragene Fasern und Kosmetika vom Opfer – untersucht werden.[267]

Eine weitere Spur kann die Stimme des Täters sein. Hat das angebliche Opfer beispielsweise eine besondere Stimmlage, einen Akzent, Sprechstörungen wie Stottern oder Lispeln oder sprachliche Probleme beschrieben, sollten die Ermittler auf diese Auffälligkeiten im Gespräch mit dem Tatverdächtigen achten.

---

[267] vgl. Clages (2004): S. 527/528; vgl. Adam et al (1989): S. 119; vgl. Pfefferli (2002): Ziffer 1.4

4.1.4 Spuren am Tatmittel

Relativ selten werden Werkzeuge oder andere Hilfsmittel bei einem Sexualdelikt verwendet. Die bayerische Studie ergab, dass lediglich zweimal ein Eindringen mit dem Finger und jeweils einmal mit einem Gummipenis, einmal mit einer Coca-Cola-Flasche angezeigt wurde.[268] Insbesondere bei einer Vergewaltigung einer Frau oder eines Mannes durch eine Frau werden Gegenstände wie Flaschen oder Gemüsesorten verwendet.

Hilfsmittel der körperlichen Gewalt, die bei Sexualdelikten ja eine große Rolle spielt, sind hingegen häufiger. Doch wird eine Sexualstraftat vorgetäuscht, so wird ein Einsetzen solcher selten geschildert.

Auch das sogenannte Liquid Ecstasy (GHB) wird in Wirklichkeit recht selten von einem Täter eingesetzt. Da jedoch in der Bevölkerung die Annahme besteht, dass GHB häufig dem Opfer vor einer Vergewaltigung oder sexuellen Nötigung ins Getränk gemischt wird oder anders verabreicht wird, behaupten einige angebliche Opfer fälschlicherweise, dass sie unter den Einfluss des GHB oder anderer Drogen gesetzt wurden. Dies ist aber bei zeitlicher Nähe anhand einer Blut- oder Urinprobe festzustellen beziehungsweise zu verneinen.

Zur Begehungsweise muss also immer geklärt werden, ob Werkzeuge oder Gegenstände benutzt worden, welche dies waren, ob dafür Vorbereitungen erforderlich waren und ob es sich hierbei um eine außergewöhnliche Begehungsweise handelt. Zudem muss nachvollzogen werden, welche Geräuschentwicklung es gegeben haben muss und wer dies wahrgenommen haben könnte.

---

[268] vgl. Elsner/Steffen (2005): S. 246

4.2 Vernehmung

Die Vernehmung stellt den subjektiven Tatbefund dar. Je weniger objektives Beweismaterial vorhanden ist, desto genauer und eingehender müssen die Opfer befragt werden.[269] „Die Anzeigesituation und hier insbesondere der Zeitpunkt der Anzeige, sind für den weiteren Verlauf und vor allem für den Ausgang des Verfahrens von entscheidender Bedeutung."[270]

Hauptproblem im Zusammenhang mit diesen verdeckten Straftaten ist, dass das angebliche Opfer und der betroffene Tatverdächtige meist die einzigen Zeugen sind. Das heißt, zur Bewertung des Sachverhaltes stehen nur die Aussagen der beiden Tatbeteiligten zur Verfügung – und diese sind nicht selten widersprüchlich. Oftmals ist das Opfer bei Sexualdelikten einziger Tat- und damit Belastungszeuge. „Zur Stützung der Glaubwürdigkeit der Aussage des Opfers kommt daher der Gewinnung weiterer Beweismittel eine erhebliche Bedeutung zu:"[271]

„Neben der von einer Systematik bestimmten Suche und Sicherung von Spuren am Opfer, am Täter oder an Ereignisorten der Vortat-, Tat- und Nachtatphase nehmen Vernehmungen eine Schlüsselstellung bei Sexualdelikten ein. Dabei spielt die Erstvernehmung die entscheidende Rolle, weil es die erste geschlossene Aussage nach dem Geschehen ist und alle später gemachten Darstellungen die Erstaussage überlagern können."[272]

Die Vernehmung wird in Hamburg beim LKA 42 in der Regel per Video aufgezeichnet. Die Videovernehmung hat den Vorteil, dass die Vernehmungszeit verkürzt wird und die wörtliche Wiedergabe des Zeugen inklusive Mimik, Gestik und Aussageverhalten festgehalten wird.[273]

Ein Anzeigenerstatter darf niemals aufgrund eines hohen Alkoholeinflusses oder sozial schwacher Verhältnisse abgewiesen werden. Ihm dürfen zudem keine Vorurteile entgegengebracht werden.[274] Auch „die verzögerte Anzeigenerstattung ist kein Wertungskriterium für Geschehenes oder Ungesche-

---

[269] vgl. Friedrich (2002)

[270] Elsner/Steffen (2005): S. 280

[271] Kraheck-Brägelmann (1994): S. 51 – weitere Beweismittel siehe oben

[272] Diekmann (2003): S. 32

[273] vgl. Diekmann (2003): S. 33

[274] vgl. Waldemar/Hamacher (1990): S. 51

henes"[275]. Der vernehmende Beamte sollte jedoch besonders aufmerksam sein, „wenn die Auskunftsperson [...] gleich von sich aus erklärt, warum sie sich noch ganz genau erinnert und weshalb alles ganz genau so war, wie sie es sagt"[276].

Ziel der Vernehmung ist es, vom Zeugen möglichst viele glaubwürdige Informationen über das fragliche Ereignis zu erhalten. Dabei spielt die Vernehmungstaktik eine sehr große Rolle.

„Grundvoraussetzung für die Durchführung der aussagepsychologischen Exploration ist die Herstellung einer entspannten Gesprächsatmosphäre. Diese wird in der Regel dadurch erzielt, dass der Einstieg in das Gespräch zunächst über neutrale, den Zeugen nicht belastende Themen gesucht wird."[277] Anschließend sollte der Zeuge aufgefordert werden, den Sachverhalt völlig frei im Zusammenhang zu erzählen. Dabei sollte der vernehmende Beamte geduldig zuhören, zusammenhängende Darstellung ermöglichen, Abschweifungen zulassen, keine Vorhaltungen machen und lediglich notwendige Fragen für Sofortmaßnahmen oder kurze Verständnisfragen stellen. Diese Aussage sollte vollständig protokolliert werden. Der freien Schilderung folgt die gezielte Befragung: „Im Rahmen der strukturierten Befragung wird versucht, die im freien Bericht gewonnenen Informationen zu ergänzen und zu konkretisieren."[278] Der gesamte Sachverhalt wird durch Fragen erneut herausgearbeitet und hinterfragt. Hat beispielsweise eine Zeugin die recht typische Aussage „Er hat mich gepackt und ins Bett geworfen" gemacht, so sollte nun nachgefragt werden, wie, mit welcher Hand, wo, mit welchem Druck und so weiter er dies getan hat. Die Details müssen genau erfragt werden, da sie bei ausgedachten Geschichten häufig nicht schlüssig sind oder nicht mit den objektiven Beweismitteln übereinstimmen. Geeignete Fragen in Rahmen der strukturierten Befragung, da suggestionsfrei, sind in erster Linie offene Fragen, Leerfragen und gegebenenfalls auch Wahlfragen. Insbesondere der Hintergrund intimer Fragen sollte dem Zeugen erläutert werden. Der vernehmende Beamte muss auf jede Form des Befragungsdrucks beispielsweise durch Suggestivfragen oder persistierendes Nachfragen verzichten, sondern stattdessen auf die persönlichen und sozio-emotiven Bedingungen des Zeugen Rücksicht nehmen. Im Anschluss daran ist auch ein Wechsel der Erzählreihenfolge oder der Perspektive möglich.

---

[275] Diekmann (2003): S. 31
[276] http://www.wahle/de/jura/tatsachen/zeuge.html
[277] Greuel et al (1998): S. 64
[278] Greuel et al (1998): S. 65

Alle Begriffe müssen entsprechend dem Sprachniveau des Opfers wiedergegeben werden und auch die Fragen an den Zeugen sollten so formuliert sein, dass dieser sie auch versteht. Das Opfer sollte in der Lage sein, die Situation vor Ort mit genauer Nachstellung zu rekonstruieren. Dafür wird die damalige Situation und sein eigenes Verhalten ganz konkret nachgestellt. Zeigt das Opfer, wie es gewesen sein soll, so kommen dabei am ehesten die typischen Fehler zum Ausdruck und häufig zeigt sich, dass die angegebenen Verletzungsentstehungen unmöglich sind.[279]

Entstehen während der Vernehmung bei dem vernehmenden Beamten Zweifel an dem Wahrheitsgehalt der Aussage, so sollte er weiterhin mit psychologischem Einfühlungsvermögen ermitteln und Lösungsvorschläge anbieten, statt sofort zu sagen, dass er dem Zeugen nicht glaubt. Es können auch Fragen über das Randgeschehen gestellt werden und bei mehreren Zeugen deren Antworten verglichen werden. Auf solche eigentlich irrelevanten Fragen sind die intentional falsch aussagenden Zeugen meist nicht vorbereitet.[280] Doch auch wenn zwei oder mehr Zeugen in ihrer Aussage übereinstimmen, bedeutet das nicht, dass diese realen Ereignissen zugrunde liegen. Treten bei mehreren Aussagen auffallende Gemeinsamkeiten auf, vor allem „wenn alle an der selben Stelle viel wissen [v.a. bei Kleinigkeiten], aber an der selben auffallend wenig"[281], besteht die Möglichkeit einer vorab stattgefundenen Absprache der Beteiligten oder eines Komplotts. Doch „nicht zwingend muss einem Opfer, das zur Anzeigenerstattung bereits das ärztliche Attest und die säuberliche verpackte Unterbekleidung als Beweismittel vorlegt, Misstrauen entgegengebracht werden"[282]. Hier ist ein offenes Hinterfragen und der Einsatz spezieller Ermittler jedoch unentbehrlich.

Vernehmungsinhalte sind Angaben zur Vortatphase, Begehungsweise, Nachtatphase, Tatortsituation, Täter, Feststellung von Zeugen, Suche, Sicherung und Auswertung von Spuren und Vergleichsmaterial.[283]

Hinsichtlich des Tatverdächtigen sollte zunächst hinterfragt werden, ob er ein Alibi vorzuweisen hat, welches dann gründlichst zu beleuchten ist.

---

[279] vgl. Germann/Sigrist: S. 30
[280] vgl. http://www.wahle/de/jura/tatsachen/zeuge.html
[281] http://www.wahle/de/jura/tatsachen/zeuge.html
[282] Diekmann (2003): S. 31
[283] vgl. Clages (2004): S. 530

4.2.1 Glaubhaftigkeitsbegutachtung der Zeugenaussage

Die aussagepsychologische Begutachtung stellt die Glaubhaftigkeitsuntersuchung dar.
Es ist „nicht die Frage nach der allgemeinen Glaubwürdigkeit des Untersuchten im Sinne einer dauerhaften personalen Eigenschaft. Es geht vielmehr um die Beurteilung, ob auf ein bestimmtes Geschehen bezogenen Angaben zutreffen, d.h. einem tatsächlichen Erleben der untersuchten Person entsprechen."[284]

Demnach entwickeln Sachverständige verhaltens- und inhaltsorientierte Ansätze zur Einschätzung der Glaubhaftigkeit der Aussagen. „Bei Glaubwürdigkeitsbegutachtungen von Zeugen durch psychologische Sachverständige stellt die Analyse des Aussageinhalts anhand sogenannter Realkennzeichen (Glaubwürdigkeitskriterien) das entscheidende Element dar. Die durch die Inhaltsanalyse festgestellte Qualität der Aussage (im Sinne von Komplexität und individueller Durchzeichnung) wird zur Glaubhaftigkeitseinschätzung mit der kognitiven Leistungsfähigkeit des Zeugen (seinen bereichsspezifischen Kenntnissen und Erfahrungen) in Beziehung gesetzt. Die Leitfrage der Glaubwürdigkeitsbegutachtung mit Hilfe der Inhaltsanalyse lautet, wie wahrscheinlich bzw. unwahrscheinlich es ist, dass ein Zeuge sich die Aussage auch ohne Erlebnisgrundlage ausgedacht haben kann."[285]
In einer Gesamtanalyse werden neben der Qualität der Aussage die „spezifischen Kompetenzen und Erfahrungen der untersuchten Person sowie die Entstehungs- und Entwicklungsgeschichte der Aussage berücksichtigt."[286]

Die Glaubhaftigkeit kann sowohl durch absichtliche Verzerrungen als auch durch unbewusste Fehler betroffen sein.
Bei der absichtlichen Verfälschung der Aussage durch den Zeugen „wird eine andere Sachverhaltsdarstellung gegeben, als sie subjektiv für zutreffend gehalten wird. In diesem Fall ist die Glaubwürdigkeit einer Aussage betroffen."[287]
Eine Aussage kann aber auch infolge einer falschen Wahrnehmung oder sonstigen Irrtümern unzuverlässig sein: „Damit eine Aussage zuverlässig ist, muss das Ereignis erst richtig wahrgenommen, dann richtig erinnert,

---

[284] Greuel (2000): S. 59/60
[285] Arntzen (1993, zit. nach Wolf/Steller 1998)
[286] Balloff (2004): S. 155
[287] Fegert (2001): S. 29

außerdem wahrheitsliebend geschildert und schließlich richtig verstanden werden."[288] Aussagefehler, die durch unbeabsichtigte Irrtümer verursacht sind, betreffen die Genauigkeit einer Zeugenaussage, was bedeutet, dass eine Aussage auch bei subjektivem Wahrheitsvorsatz trotzdem Fehler und Lücken enthalten kann.[289]

4.2.1.1 Aussagetüchtigkeit

Aussagetüchtigkeit oder auch Aussagefähigkeit bedeutet, einen Sachverhalt zuverlässig wahrnehmen zu können, ihn von dem Geschehen bis zur Befragung in Erinnerung zu behalten, „über ausreichendes Sprachverständnis für die Befragung sowie über ausreichende sprachliche Ausdrucksfähigkeit für die Schilderung des Geschehnisses zu verfügen, ein ausreichendes Maß an Kontrollmöglichkeiten gegenüber Suggestiveinflüssen zur Verfügung zu haben sowie Erlebtes von Phantasievorstellungen unterscheiden zu können:"[290]

In der Regel erfolgt eine gutachterliche Überprüfung der Wahrnehmungs-, Erinnerungs- und Ausdrucksfähigkeit des Zeugen. „In welchen Fällen sich ein Gericht der (zusätzlichen) Sachkunde eines Gutachters zu bedienen hat, ist in der Rechtsprechung nicht eindeutig entschieden: Einen Sachverständigen braucht der Richter [...] regelmäßig nicht heranzuziehen. Das gilt vor allem, wenn die Glaubwürdigkeit von Zeugen zu prüfen ist, die erwachsen oder jedenfalls älter als 18 Jahre sind."[291]

Die Persönlichkeit des Zeugen steht nicht im Vordergrund für das Gutachten, denn jeder Mensch kann mal lügen, mal die Wahrheit sagen: „Persönlichkeitsmerkmale werden nur insofern herangezogen, als sie dazu dienen können, den Glaubhaftigkeitsgehalt einzelner Aussageinhalte zu steigern."[292] Ist eine Person beispielsweise nicht phantasievoll, erzählt aber eine ausgefallene Geschichte, so unterstützt dies ihre Glaubhaftigkeit.

„Im Wege der Kompetenzanalyse ist zu prüfen, ob die Aussage namentlich durch sogenannte Parallelerlebnisse oder reine Erfindung erklärbar sein könnte. Dazu bedarf es der Beurteilung der persönlichen Kompetenz der aussagenden Person, insbesondere seiner allgemeinen, sprachlichen und intellektuellen Leistungsfähigkeit sowie seiner Kenntnisse über Sexualde-

---

[288] http://www.wahle/de/jura/tatsachen/zeuge.html
[289] vgl. Fegert (2001): S. 29
[290] Greuel et al (1998): S. 79
[291] Wolf/Steller (1998)
[292] Kraheck-Brägelmann (1994): S. 82/83

likte."[293] Geht es also um die Frage, ob ein Zeuge den Vorwurf an ihm begangener Sexualdelikte zutreffend erhebt, ist zudem die Einschätzung seiner sexualbezogenen Kenntnisse und Erfahrungen nötig.[294]

Zur Feststellung des kognitiv-funktionalen Leistungsniveaus werden die individuellen und kognitiven Grundvoraussetzungen oder gar Leistungsbesonderheiten geprüft. Es wird der Hypothese nachgegangen, ob der Zeuge mit den gegebenen individuellen Voraussetzungen unter den gegebenen Befragungsumständen und unter Berücksichtigung der im konkreten Fall möglichen Einflüsse Dritter diese spezifische Aussage machen könnte, ohne dass sie auf einem realen Erlebnishintergrund basiert.[295] Dementsprechend wird zunächst erforscht, „inwieweit ein Zeuge von seinem Leistungspotential überhaupt dazu in der Lage ist, eine einer komplexen Falschaussage entsprechende kognitive Leistung zu erbringen:"[296] Es wird auch geprüft, ob der Zeuge aufgrund seiner individuellen Merkmale unter den gegebenen Bedingungen überhaupt eine bestimmte Beobachtung machen konnte. Außerdem wird die Erinnerungsfähigkeit ebenso wie das Sprachverhalten, das Begriffsverständnis und die Sprachentwicklung – insbesondere bei Jugendlichen sowie bei nicht deutschsprachigen Zeugen – erfasst. Ferner wird die Phantasieproduktivität des Zeugen und inwiefern er die Schilderung von Phantasieprodukten von erlebnisgestützten Sachverhalten unterscheiden kann ermittelt. Ebenso wie bei der Prüfung der Validität der Aussage wird die Suggestibilität anhand Verhaltensstichproben bei fallneutralen Themen ergründet, um herauszufinden, ob der Zeuge eventuell den Einflüssen anderer Personen unterlegen hat.[297]

Die Aussagetüchtigkeit des Zeugen kann außerdem von entwicklungs- und persönlichkeitsbedingten sowie von psychopathologischen Faktoren beeinträchtigt werden. Daher muss eine Überprüfung hinsichtlich jeglicher Minderungen in der Funktion der Sinnesorgane, die für die Wahrnehmung notwendig sind, stattfinden. Solche Beeinträchtigungen können anhand des Tragens von Sehhilfen oder Hörgeräten festgestellt werden.[298] Auch ein sehr niedriges oder sehr hohes Lebensalter mit damit verbundenen Einschränkungen kann die Aussagefähigkeit des Zeugen beeinflussen. Eine Intelligenzminderung in Form geistiger Behinderung oder einer Lernbehin-

---

[293] Balloff (2004): S. 156
[294] vgl. Elsner/Steffen (2005): S. 257
[295] vgl. Balloff (2002): S. 162
[296] Greuel et al (1998): S. 55/56
[297] vgl. Greuel et al (1998): S. 55-61
[298] vgl. Flogaus (2003/2004): S. 29

derung kann einerseits die Aussagetüchtigkeit negativ beeinträchtigen, andererseits neigen geistig behinderte Personen in der Regel weniger zu Verfälschungen, Ergänzungen oder Veränderungen von Erlebnissen.[299] In dem Zusammenhang ist des Weiteren festzustellen, ob der Zeuge an Psychosen wie beispielsweise Schizophrenie oder an psychotische Störungen mit Symptomen wie akustische und teilweise optische Halluzinationen, Wahnvorstellungen, Denkstörungen und Sprachdefizite erkrankt ist. Die dissoziale Persönlichkeitsstörung ist mit einer deutlichen und andauernden Verantwortungslosigkeit sowie einer Missachtung sozialer Normen, Regeln und Verpflichtungen verbunden. „Das Störungsbilde – insbesondere die dissoziale Persönlichkeitsstörung und die emotionale instabile Persönlichkeitsstörung (Borderline) – legt aufgrund der damit verbundenen Störungen des Sozialverhaltens eine Hinterfragung der Zeugeneignung nahe."[300] Ebenfalls ist zu hinterfragen, ob der Zeuge zum angeblichen Tatzeitpunkt oder zur Anzeigenerstattung unter dem Einfluss psychotroper Substanzen stand, und ob es sich hierbei um einen einmaligen oder mehrmaligen Konsum bis hin zur chronischen Abhängigkeit handelt. Grund dafür ist, dass „die spezifischen Intoxikationserscheinungen der unterschiedlichen psychotropen Substanzen [...] die Wahrnehmungsfähigkeit des Zeugen während des in Frage stehenden Vorfalls beeinflusst haben"[301] könnten. Die Drogen Alkohol, Opiate und Barbiturate verursachen häufig Wahrnehmungseinschränkungen; Halluzinogene haben eine Veränderung der Wahrnehmung und Halluzinationen zur Folge. Es soll also nachvollzogen werden, ob die der Zeugenaussage zugrunde liegenden Erlebnisse im Wachzustand oder in einem anderen Bewusstseinszustand entstanden sind.[302] Auch hirnorganische Störungen und Epilepsien können die Aussagefähigkeit des Zeugen beeinflussen.

Personale Merkmale und Eigenschaften sind überdauernde, situationsübergreifende Merkmale einer Person, die ebenfalls von einem Gutachter beurteilt werden. Dieser wird häufig besonders bei Frauen, die sehr stark von etwas oder jemanden abhängig sind oder bei denen vorausgegangenen psychischen Krankheiten oder eine besondere Lebensweise festgestellt wurden, hinzugezogen. Anhand der Persönlichkeitsanalyse wird die Persönlichkeitsentwicklung untersucht, um Selbstwertprobleme, ein gesteigertes Geltungsbedürfnis oder ähnliches feststellen zu können.[303]

---

[299] vgl. Greuel et al (1998): S. 82/83
[300] Greuel et al (1998): S. 85
[301] Greuel et al (1998): S. 84
[302] vgl. Greuel et al (1998): S. 26
[303] vgl. Balloff (2004): S. 146/147

Kriminalbeamte können im Gegensatz zum Gutachter lediglich sagen, dass Anhaltspunkte vorliegen, die darauf hinweisen, dass es nicht wahr ist beziehungsweise der Zeuge nicht aussagetüchtig ist, dürfen aber keinesfalls beurteilen oder werten. So darf beispielsweise nur geschrieben werden, dass die Person unkonzentriert wirkte oder sich inhaltlich widersprochen hat.

4.2.1.2 Aussagequalität

Zeugenaussagen sollen auf deren Erlebnisbegründetheit hin analysiert werden. Mittels einer Inhaltsanalyse wird die Qualität der Zeugenaussage untersucht. Vor allem bei Sexualdelikten haben erfundene Schilderungen häufig eine geringere inhaltliche Qualität, denn eine Vergewaltigung ist ein sehr komplexes Handlungsgeschehen, das ohne reale Erlebnisgrundlage hohe Anforderungen an die kognitive Leistungsfähigkeit des Zeugen stellt.

Erlebnisgestützte Aussagen unterscheiden sich von erlebnisfern konstruierten, denn „autobiographische Erlebnisse werden auf eine spezifische Art und Weise enkodiert und gedächtnismäßig repräsentiert. Erlebnisse, die nicht als auf das individuelle Selbst bezogen und damit nicht als autonoetisch* erfahren werden, können auch nicht als autonoeitsch repräsentiert und schließlich reproduziert werden"[304]

Aussageimmanente Qualitätsmerkmale erlebnisfundierter Aussagen sind das Vorliegen bestimmter Merkmalskomplexe und ein gleichzeitiges Auftreten von Qualitätsmerkmalen.[305]

Mit Hilfe der Konstanzanalyse wird das von einer Person gezeigte Aussageverhalten überprüft, indem die „Entwicklung der Aussage über verschiedene Befragungszeitpunkte hinweg reflektiert"[306] wird. Die Angaben über denselben Sachverhalt zu unterschiedlichen Zeitpunkten werden im Hinblick auf Übereinstimmungen, Widersprüche, Ergänzungen und Auslassungen analysiert.[307] Erlebnisfundierte Aussagen bleiben auch über längere Erinnerungsintervalle hinweg in folgenden Aspekten konstant, sodass sich diese als einfache Ausprägungen des Konstanzmerkmals benennen lassen: Schilderung des zentralen Kerngeschehens, der eigenen Rolle beziehungsweise Aktivität, Benennung der beteiligten Personen, der Örtlichkeit, der

---

[304] Greuel (2001): S. 317
[305] vgl. Greuel et al (1998): S. 204
[306] Flogaus (2003/2004): S. 31
[307] vgl. Balloff (2004): S. 155

Lichtverhältnisse, der Körperposition und handlungsrelevanter Gegenständen.[308] "Demgegenüber unterliegen auch im eigenen Erleben begründete Erinnerungen vielfältigen Schwankungen, die sich gedächtnispsychologisch erklären lassen und insofern auch in erlebnisgestützten Zeugenaussagen erwartet werden können."[309] Diese psychologisch erwarteten Inkonstanzen, die demzufolge nicht gegen den Erlebnisbezug der Aussage sprechen, sind beispielsweise das Verwechseln der Seiten, Schätzungen, Nebenhandlungen oder auch der Wortlaut von Gesprächen.

Das Erinnern an erfundene Gegebenheiten ist also schwieriger als die Erinnerung an Erlebtes. Ist der Inhalt nicht konstant und stabil, so können auch natürliche Erinnerungsverluste ursächlich dafür sein.[310]

4.2.1.2.1 Realkennzeichen

Nach der sogenannten Undeutsch-Hypothese wird mittels inhaltlicher Merkmale eine Aussageanalyse hinsichtlich der Qualität gemacht, anhand derer sich Aussagen über selbst Erlebtes von Erfundenem unterscheiden lassen. Diese inhaltlichen Merkmale wie Unmittelbarkeit, Farbigkeit, Lebendigkeit, Konkretheit, Detailreichtum werden auch als Realkennzeichen oder Glaubhaftigkeitskriterien bezeichnet. Die verschiedenen Beschreibungen von inhaltlichen Realkennzeichen wurden in einem übersichtlichen System mit der Bezeichnung Kriterienorientierte Aussageanalyse kategorisiert.[311]

Eine Aussageanalyse auf Grundlage der Realkennzeichen soll eine Unterscheidung zwischen realitätsgerechter Darstellung, Irrtum und Lüge ermöglichen. Die Undeutsch-Hypothese postuliert die Distinktheit und Klarheit erlebnisbasierter Aussagen.[312]

Die kriterienorientierte Aussageanalyse umfasst neunzehn inhaltliche Realkennzeichen, die als Merkmale in einer Aussage vorkommen können. Allgemeine Merkmale sind eine logische Konsistenz, eine chronologisch unstrukturierte Darstellung sowie ein quantitativer Detailreichtum. Die speziellen Inhalte Interaktionsschilderungen, räumlich-zeitliche Verknüpfungen, Wiedergabe von Gesprächen und Schilderungen von Komplikationen im Handlungsverlauf sind ebenfalls zu analysieren. Außerdem können in-

---

[308] vgl. Greuel et al (1998): S. 131

[309] Greuel et al (1998): S. 132

[310] vgl. Flogaus (2003/2004): S. 31

[311] auch bekannt als CBCA (criteria-based content analysis); Verwendung vom BGH anerkannt (BGH 1 StR 618/98- LG Ansbach); vgl. Steller/Köhnken (1989 zit. nach Wolf/Steller 1998); vgl. Flogaus (2003/2004): S. 10

[312] vgl. Greuel (2001): S. 314

haltliche Besonderheiten wie Schilderung ausgefallener Einzelheiten, Schilderung nebensächlicher Einzelheiten, phänomengemäße Schilderung unverstandener Handlungselemente, indirekt handlungsbezogene Schilderung, Schilderung eigener psychischer Vorgänge und die Schilderung psychischer Vorgänge des Angeschuldigten in einer Aussage festzustellen sein. Weitere Realkennzeichen sind spontane Verbesserungen der eigenen Aussage, Eingeständnis von Erinnerungslücken, Einwände gegen die Richtigkeit der eigenen Aussage, Selbstbelastungen und eine Entlastung des Beschuldigten im Bereich der motivationsbezogenen Inhalte. Ein weiteres Realkennzeichen ist die Beschreibung deliktspezifischer Elemente / Merkmale.[313]

Allgemeine Merkmale
Eine erlebnisfundierte Aussage ist meist frei von inneren Widersprüchen, eine *logische Konsistenz* ist zu erkennen. Der Zeuge kann den Sachverhalt in ungesteuerter und unstrukturierter Weise schildern – die Aussage ist innerlich stimmig, logisch folgerichtig und widerspruchfrei.[314] Basiert die Aussage nicht auf wahren Gegebenheiten, so lassen sich einzelne Elemente der Gesamtaussage nicht „in einen schlüssigen, logisch folgerichtigen, nachvollziehbaren und plausiblen Zusammenhang bringen [...], ohne dass sich aussageimmanente Widersprüche oder logische Brüche ergeben"[315] – stattdessen zeigen sich Ungereimtheiten und Widersprüche. Um die Stimmigkeit der Aussage in Bezug auf die geschilderten zeitlichen Abläufe zu überprüfen, kann eine Weg-Zeit-Berechnung sehr hilfreich sein. Beispielsweise behauptete ein angebliches Opfer, es hätte sich um 22 Uhr von seinem Freund auf den Heimweg gemacht und sei erst um 00:30 Uhr zu Hause angekommen, weil es auf dem Rückweg von einer fremden Person vergewaltigt worden sei. Doch eine Nachfrage bei der Mutter des Freundes ergibt, dass sie erst kurz nach Mitternacht deren Haus verlassen hat und sie mindestens 25 Minuten für den Heimweg benötigt. Demnach ist es unwahrscheinlich, dass in diesem Zeitraum, den die Person schon allein für die Bewältigung des Weges benötigt, vergewaltigt worden sein kann.[316]
Wird ein Sachverhalt vor allem im Rahmen einer umfangreicheren Aussage *chronologisch unstrukturiert dargestellt*, ist dies ein weiteres Indiz dafür, dass die Aussage wahr ist. Der Zeuge ist dann in der Lage, Angaben ungeordnet, unzusammenhängend, sprunghaft und unter wiederholtem Durch-

---

[313] vgl. Balloff (2004): S.116; vgl. Flogaus (2003/2004): S. 11
[314] vgl. Elsner/Steffen (2005): S. 256
[315] Greuel et al (1998): S. 97
[316] LKA 42

brechen der äußeren Handlungschronologie zu machen, wobei die Aussage im Sinne der logischen Konsistenz in sich stimmig bleibt. „Es ist [hingegen] außerordentlich schwierig, einen Sachverhalt, für den man keine Erlebnisgrundlage hat, losgelöst vom chronologischen Ablauf, sprunghaft und unstrukturiert darzustellen."[317]

Das Realkennzeichen *quantitativer Detailreichtum* ist erfüllt, wenn der Zeuge vielfältige Details im Rahmen des inkriminierten Geschehens, beispielsweise zu Örtlichkeiten, Handlungsverläufen, sowie Details aus dem näheren Beziehungs- und Handlungsumfeld, schildert. „Wenn genaue Ortsangaben gemacht werden, Personen in verschiedener Hinsicht beschrieben werden, die Abfolge ihrer Handlungen Schritt für Schritt wiedergegeben wird, Gespräche reproduziert und nicht nur das Kerngeschehen, sondern auch nebensächliche Umstände berichtet werden"[318], ist im Gegensatz zur pauschalen, undifferenzierten, allgemeingehaltenen Zeugenaussage davon auszugehen, dass die Aussage auf wahren Erlebnissen fundiert.

Die Homogenität einer Aussage kann sich bei einer Gesamtbetrachtung der Aussage ergeben, indem sich „inhaltliche Details zu einem Ganzen ohne Unstimmigkeiten zusammenschließen, dass deren Einzelheiten also in einen integrierten organischen Zusammenhang gebracht werden können und dass der Inhalt der Aussage damit auch folgerichtig ist"[319].

Spezielle Inhalte

Raum-zeitliche Verknüpfungen, also eine „spezifische Verknüpfung des inkriminierten Geschehens mit einem örtlichen, zeitlichen, handlungsbezogenen sowie biographischen Kontext"[320], ermöglichen eine objektive Überprüfung der Aussage, insbesondere dann, wenn die Möglichkeit einer fälschlichen Erlebnisübertragung auf eine andere Person zu überprüfen ist. Solch eine kontextuelle Einbettung liegt vor, wenn „vielfältige Verflechtungen des inkriminierten Geschehens mit veränderlichen situativen Umständen aus dem individuellen Lebensumfeld des Zeugen und des Beschuldigten enthalten sind"[321].

Wenn wechselseitige Aktionen und Reaktionen zwischen der aussagenden Person und einer am Geschehen beteiligten Person geschildert werden, liegt das Qualitätsmerkmal *Interaktionsschilderungen* vor – und damit ein weiterer Hinweis auf den Wahrheitsgehalt einer Aussage. „Eine besondere

---

[317] Fegert (2001): S. 35
[318] Arntzen (1982): S. 28
[319] Arntzen (1982): S. 51
[320] Balloff (2004): S. 116; vgl. Flogaus (2003/2004): S. 13/14
[321] Greuel et al (1998): S. 106

Schwierigkeit bei der Erfindung einer Falschaussage stellt die Konstruktion wechselseitig aufeinander bezogener Interaktionen dar, die veranschaulichen, wie sich das Verhalten des Zeugen und das des Beschuldigten gegenseitig bedingt haben."[322]

Werden *Gespräche* oder gar komplexe Dialogschilderungen etwa zwischen Zeuge und Beschuldigtem in direkter oder indirekter Rede in der Aussage wiedergegeben, so würde dies sehr hohe Anforderungen an einen Zeugen stellen, der sich diese ausgedacht hat: „Eine besonders hohe Qualifizierung weisen dabei solche Schilderungen von Dialogsequenzen auf, die differentielle Standpunkte der beiden Gesprächspartner erkennen lassen."[323]

In erlebnisfundierten Aussagen sind häufig *Schilderungen von Komplikationen im Handlungsverlauf* zu finden: Dies können eine Darstellung unvorhergesehener Schwierigkeiten in der Handlungsdurchführung, störungsbedingte oder missglückte Handlungsabbrüche oder -unterbrechungen und auch Schilderungen von Komplikationsketten sein.

Inhaltliche Besonderheiten

Je ungewöhnlicher die Geschichte scheint, desto glaubhafter ist sie. Doch handelt es sich bei dem aussagenden Zeugen um eine sehr kreative Person, ist bei dem Realkennzeichen *Schilderung ausgefallener Einzelheiten* Vorsicht geboten, vor allem wenn die Details ausgefallen sind und deren Auftretenswahrscheinlichkeit gering ist, sie aber dennoch nicht unrealistisch sind: „Im Unterschied zu banalen, stereotypen, alltäglichen Einzelheiten handelt es sich um Details, die man nicht erwarten würde, die ungewöhnlich sind."[324] Meist erzählen Zeugen, die absichtlich vortäuschen oder eine Falschbeschuldigung machen, einen eher unspektakulären und typischen Handlungsablauf, weil sie denken, dass „scheinbar Absurdes unrealistisch wirkt."[325]

Auch nebensächliche, irrelevante, *überflüssige Einzelheiten*, die mit der Tathandlung nichts zu tun haben, werden von intentional falsch aussagenden Personen selten erfunden. „Unausgesprochen lässt der falschaussagende Zeuge nur Inhalte am Rande des Bewusstseinsfeldes, die er nicht durchdacht hat, deren Erörterung und Durchdenken ihm überflüssig erscheinen oder denen er ausweicht, weil ihm ihre Erörterung zu schwierig zu sein scheint. Wenn ihm Fragen zur Aussage gestellt werden, so bereitet ihm die

---

[322] Greuel et al (1998): S. 107
[323] Greuel (2001): S. 32
[324] Arntzen (1982): S. 39
[325] http://www.wahle/de/jura/tatsachen/zeuge.html

Ergänzung seiner bisherigen Aussagen große Schwierigkeiten."[326] Wirkliche Opfer eines Sexualdeliktes hingegen nennen häufig eine Vielzahl von Details, die für das inkriminierte Geschehen nicht von Bedeutung sind.

Wird ein Sachverhalt zutreffend geschildert, obwohl der Zeuge dessen Bedeutung nicht versteht oder erkennt, wird das als *phänomengemäße Schilderung unverstandener Handlungselemente* bezeichnet. „Diese verständnislos und phänomengebunden vorgebrachten Schilderungsbesonderheiten können nicht willkürlich in eine Aussage hineingebracht werden, weil ein Zeuge sich nicht bewusst einen naiveren Lebensaspekt zu eigen machen kann, als ihm angemessen ist."[327]

Eine *indirekt handlungsbezogene Schilderung* ist eine Erlebnisschilderung, die nicht in direktem Bezug zur Tathandlung steht, sondern sich zu einer anderen Zeit mit anderen Personen ereignet hat. Diese Schilderung ist der Tathandlung aber sehr ähnlich. Solche inhaltlichen Verschachtelungen werden selten in einer Falschaussage gefunden.

Ein Zeuge, dessen Aussage auf wahren Gegebenheiten beruht, schildert häufig *eigene psychische Vorgänge*. Das bedeutet, dass er emotionale oder physiologische Prozesse wie Erröten, Herzrasen, Zittern oder auch Gedanken beschreibt. Im Gegensatz zu einfachen, plausiblen Gefühlsreaktionen können neben Angst, Enttäuschung oder Ekel auch Überlegungen, wie dieser unangenehmen Situation zu entgehen sei, geschildert werden.[328] In einigen Fällen wird auch von einer Wirklichkeitskontrolle berichtet, „wenn ein Zeuge über aktive Versuche berichtet, die er im Kontext des fraglichen Geschehens zur Überprüfung der Wirklichkeitsebene seines Erlebens durchgeführt haben will"[329]. Ein lügender Zeuge denkt selten daran, Gefühle und Gedanken darzulegen.

Ein weiteres Realkennzeichen ist die *Schilderung psychischer Vorgänge des Angeschuldigten*. Dies ist erfüllt, wenn Angaben zu emotionalen Reaktionen, körperlichen oder sensorischen Vorgängen beim Beschuldigten gemacht werden und/oder diese Wahrnehmungen interpretiert werden. „Es werden dessen Gefühlsreaktionen oder Stimmungslagen beschrieben, sei es, dass diese direkt, sei es, dass sie indirekt [...] angesprochen werden."[330]

---

[326] Arntzen (1982): S. 42/43
[327] Arntzen (1982): S. 32
[328] vgl. Arntzen (1982): S. 29
[329] Greuel et al (1998): S. 122
[330] Greuel (2001): S. 34

Motivationsbezogene Inhalte

Die motivationsbezogenen Inhalte beziehen sich auf eine erkennbare Ungesteuertheit. Keine bewusste Verhaltenssteuerung – und damit keine Motivation für eine Falschaussage – ist zu erkennen, wenn Aussagen im natürlichen Erinnerungstempo erfolgen, ohne jegliche gedankliche Abstimmungsbemühung und mit Bedenkzeiten.[331] „Der ungesteuert aussagende Zeuge gibt sich bei der Befragung natürlich und überlässt sich seinen Impulsen, etwas mitzuteilen. Objektiv ist am leichtesten, das Tempo seiner Antworten zu erfassen – der Zeuge äußert sich unmittelbar ohne längere Überlegungspausen zwischen Fragen und Antworten."[332] Er stellt sich gelockert, unbekümmert, ungezwungen auf die Fragen ein und versucht nicht das Gespräch zu lenken oder von bestimmten Punkten abzulenken.

Dazu zählen auch *spontane* inhaltliche *Verbesserungen der eigenen Aussage* und „die Geschwindigkeit und Mühelosigkeit, mit der Aussagen ergänzt werden"[333]. Es können auch nachträgliche Ergänzungen der Aussage sein oder ein Aufzeichnen der Zusammenhänge und Klären der Widersprüche. Bei einer Falschaussage bereitet sich der Zeuge zwar möglicherweise auf die Aussage vor, beschränkt seine Angaben aber auf einen gewissen Umfang, um selbst den Überblick zu behalten. Der lügende Zeuge würde nicht absichtlich eine unvollständige Aussage machen und sie später ergänzen.[334] Ein falsch aussagender Zeuge versucht zusätzlich stets, keine Unsicherheit zu zeigen oder gar *Erinnerungslücken einzugestehen*.[335]

Auch *Einwände gegen die Richtigkeit der eigenen Aussage* sind meist nur in Aussagen zu finden, die erlebnisfundiert sind. „Wenn Personen spontan, und nicht erst auf Vorhalt ihre bisherigen Aussagen korrigieren, wird hierin ein Indikator für die Erlebnisbasis der Aussage gesehen."[336] Der Zeuge bezeichnet seine eigenen Schilderungen als unplausibel und unwahrscheinlich oder merkwürdig und räumt fehlerhafte Wahrnehmungen, Verwechselungen oder Missverständnisse seinerseits ein. Dem gegenüber „wird angenommen, dass intentional falschaussagende Personen derartige Korrekturen geradezu vermeiden, um einen möglichst erinnerungssicheren Eindruck zu erwecken"[337].

Des Weiteren werden *Selbstbelastungen* nur in erlebnisfundierten Aussagen zu finden sein. Dies kann in Form eines Eingeständnisses eigener Fehlern, dem Bekennen einer eigenen Initiative oder Zustimmung, Kooperati-

---

[331] vgl. Greuel et al (1998): S. 103
[332] Arntzen (1982): S. 76
[333] Kraheck-Brägelmann (1994): S. 90
[334] vgl. Arntzen (1982): S. 39
[335] vgl. Greuel et al (1998): S .91
[336] Greuel (2001): S. 35
[337] Greuel (2001): S. 35

on und Ermutigung des Beschuldigten oder das Bejahen positiver Reaktionen vorliegen.

Es wird kaum vorkommen, dass ein intentional falsch aussagender Zeuge den *Beschuldigten entlastet*, indem er eine Aussage macht, die die Tathandlung des Beschuldigten explizit oder implizit entschuldigt, weil er beispielsweise stark alkoholisiert war. Glaubwürdige Zeugen zeigen in der Vernehmung eine neutrale Haltung gegenüber dem Beschuldigten, „während ein intentional falschaussagender Zeuge grundsätzlich einen übertriebenen Belastungseifer erkennen lässt"[338].

Delikt<u>spezifische Inhalte</u>
Ein weiteres Glaubhaftigkeitskriterium ist erfüllt, wenn der Zeuge *deliktspezifische Elemente, Merkmale* oder Handlungsmuster beschreibt, die ihm aber nicht als Besonderheit bekannt sind, also „wenn ein Zeuge über mehrere Detailangaben ein aufgrund der Alltagserfahrung nicht erwartbares Verhaltensmuster schildert, das [...] in Bezug auf den beschriebenen Deliktbereich in dem Sinne als spezifisch beurteilt werden kann."[339]

Diese Merkmalsstrukturen, die bei erlebnisfundierten Schilderungen zu erwarten sind, fehlen meist in intentionalen Falschaussagen: „Je mehr Mangelerscheinungen der Detaillierung, der Präzisierbarkeit, der Homogenität und der Objektivität und je mehr bestimmte Konstanzmängel gleichzeitig festzustellen sind, umso sicherer ist eine Aussage unglaubwürdig."[340] Zudem versucht ein bewusster Lügner solche Äußerungen, die von anderen als Anzeichen für Unglaubwürdigkeit interpretiert werden, zu vermeiden. „Für erlebnisfern konstruierte Aussagen wird man [...] zum einen mit einem Mangel an selbstreferentieller Bedeutung, zum anderen mit einem Auseinanderklaffen von Aussageinhalt und Aussageweise rechnen können. Da das zugrunde liegende Ereignis nicht autonoetisch repräsentiert ist, sondern vielmehr im Sinne eines aktiven und zielgerichteten Prozesses narrativ konstruiert werden muss, ist zu erwarten, dass in Falschaussagen primär jene Qualitätsmerkmale vorzufinden sind, die eben jenen sozial etablierten Plausibilitätskriterien, nicht aber den Besonderheiten autobiographischer Erinnerungen entsprechen."[341]

---

[338] Greuel et al (1998): S. 128
[339] Greuel et al (1998): S. 99
[340] Arntzen (1982): S. 113
[341] Greuel (2001): S. 332

Die Qualitätsmerkmale sind demnach nicht als Checkliste zu verstehen. Die Quantität von Einzelmerkmalen spricht nicht für oder gegen die Glaubhaftigkeit, sondern die Merkmale dienen nur einer systematischen Einschätzung der Aussagequalität.[342]

Die Realkennzeichen können also auch in erfundenen Geschichten auftreten, doch in erlebnisfundierten sind sie häufiger zu finden. Es ist davon auszugehen, dass ein Zeuge kaum in der Lage ist, eine Aussage, die eine Vielzahl der folgenden Realkennzeichen beinhaltet, ohne Erlebnisgrundlage zu erfinden. Daher sind Falschaussagen durch das Fehlen mehrerer Glaubwürdigkeitsmerkmale charakteristisch[343]: „Von 66 erwiesenen Falschaussagen zeigten 49 gravierende Konstanzmängel, 51 gravierende Detaillierungsmängel, 60 unzulängliche Präzisierbarkeit und 12 sachliche Unwahrscheinliches in der Schilderung eines Verhaltensmusters.“[344]
Das Vorhandensein der Realkennzeichen ist folglich ein Hinweis für den Wahrheitsgehalt der Aussage, aber ein Fehlen der Realkennzeichen bedeutet nicht gleichzeitig, dass der Zeuge lügt, denn die Kriterien können auch aufgrund von Hemmungen, Angst- oder Gedächtnismangel nicht erfüllt sein. „Somit kann die inhaltsanalytische Untersuchung von Zeugenaussagen zwar dazu dienen auf den Erlebnisgehalt einer Aussage zu schließen, jedoch stellt sie keine Methode zur Aufdeckung von Lügen dar.“[345]

---

[342] vgl. Balloff (2002): S. 162ff.
[343] vgl. Arntzen (1982): S. 113
[344] Arntzen (1982): S. 114/115
[345] Flogaus (2003/2004): S. 31

4.2.1.2.2 Typische Beschreibung einer nicht erlebnisfundierten Tat

Ist die Aussage des Zeugen nicht erlebnisfundiert, so ist „die vorgetragene Tatschilderung [] in der Regel dramatisch, klischeeartig, wenig realistisch, diffus und nicht selten in sich widersprüchlich."[346] Die Tatsituation wird dann von den angeblichen Opfern in der Erstaussage häufig ähnlich beschrieben.

Vortatsituation:

Ist das Delikt vorgetäuscht, so behauptet das angebliche Opfer häufig, es sei vom Tatverdächtigen gegen seinen Willen zum angeblichen Tatort gebracht worden, der Tatverdächtige habe es dorthin verfolgt, sie seien rein zufällig dort zusammengetroffen oder der Tatverdächtige sei in die Wohnung des Opfers eingedrungen. Doch „der durch die mediale Berichterstattung immer wieder vermittelte Eindruck, Vergewaltigungen geschähen meist im öffentlichen Raum, überfallartig und durch einen unbekannten Täter – das Stereotyp vom sexualpathologischen Überfall – ist falsch, wenn man sich auf die Hellfelddaten der PKS bezieht."[347] Sexuelle Gewalttaten werden überwiegend im privaten Raum begangen und es handelt sich dabei äußerst selten um überfallartige Vergewaltigungen durch unbekannte Täter. „Der klassische Fall, in dem der fremde Mann hinter dem Busch im Park hervorstürmt, ist der seltenste. Tatsächlich nämlich kennen sich Opfer und Täter bereits sehr häufig irgendwie vor der Tat."[348] Bis zu zwei Drittel der Vergewaltigungstäter stammen aus dem sozialen Nahbereich der Opfer, nur 35% der Opfer von Sexualdelikten werden von einem fremden Täter missbraucht.[349] Häufig leben Geschädigter und Tatverdächtiger sogar zusammen. Das Zusammentreffen geschieht in den meisten Fällen von beiden Seiten freiwillig, etwa durch einen Besuch in der Wohnung des anderen; doch das Zusammentreffen wird zusätzlich als zufällig oder gezwungen – und nicht als vom Opfer initiiert – dargestellt.[350] „Als Tatorte von sexuellen Gewaltdelikten werden Örtlichkeiten bevorzugt, an denen der Täter nicht gestört zu werden glaubt."[351]

---

[346] Pollak (2004): S. 1234
[347] Elsner/Steffen (2005): S. 36
[348] Kahl (2002)
[349] vgl. Clages (2004): S. 516
[350] vgl. Elsner/Steffen (2005): S. 227-229
[351] Clages (2004): S. 520

Was die Angaben bei Fällen vorgetäuschter Sexualdelikte oder Falschbeschuldigungen betrifft, „kommen die Aussagen der angeblichen Opfer stereotypen Vorstellungen [...] sehr nahe: Ein völlig fremder, dunkel und unheimlich wirkender Mann – oft auch noch ein Ausländer, was die Fremdheit unterstreicht – überfällt das wehr- und hilflose Opfer in Park- oder Grünanlagen, auf Straßen, Plätzen, Parkplätzen oder sonstigen öffentlichen Tatörtlichkeiten."[352] Eine Täterbeschreibung in solchen Fällen ist häufig nicht möglich, weil es angeblich zu dunkel war, der Täter sie bewusstlos geschlagen oder betäubt hat, die Augen verbunden wurden oder das Opfer auf den Bauch geworfen und von hinten vergewaltigt wurde. Wird jedoch der angeblich unbekannte Täter zumindest vage beschrieben, so ist dies häufig ein ausländisch aussehender Mann, der dunkle Kleidung trägt: Die Täter „hatten angeblich überwiegend graue, braune, schwarze oder dunkle Kleidungsstücke getragen, die dann fast immer auch nicht näher beschrieben werden konnten"[353], sind zwischen 20 und 30 Jahren alt und haben keine besonderen körperlichen Merkmale.

Dies zeigt, dass auch die Vorgeschichte genau erfragt werden sollte – was die angebliche Geschädigte an dem Ort gemacht hat, wohin sie wollte, wo sie herkam, welche Bahn sie genommen, wo sie langgefahren ist und ähnliches.

Verhalten der Beteiligten unmittelbar vor der angeblichen Sexualstraftat:
Sehr häufig wurde eine Person tatsächlich vergewaltigt, doch die Umstände, wie es zur Tat kam, zum Beispiel aufreizende Kleidung des Opfers, flirten mit dem Tatverdächtigen, keine Ablehnung zu Beginn, werden weggelassen oder anders dargestellt: In neun von zehn Fällen behaupteten die Geschädigten, keinen Anlass zum Glauben gegeben zu haben, sie seien zu einvernehmlichen Handlungen bereit, sondern hätten stattdessen offensichtlich kein Interesse an sexuellen Kontakten gezeigt. Nur selten geben sie an, sie seien mit den vorausgegangenen sexuellen Handlungen einverstanden gewesen, nicht aber mit dem Geschlechtsverkehr. In einigen anderen wenigen Fällen wird ebenfalls nicht der Geschlechtsverkehr selber, sondern lediglich die Praktiken, beispielsweise Analverkehr, abgelehnt.[354]

---

[352] Elsner/Steffen (2005): S. 222
[353] Elsner/Steffen (2005): S. 221
[354] vgl. Elsner/Steffen (2005): S. 229/230

Tatsituation und Tatfolgen

Die Zeugen, bei denen sich im Nachhinein herausgestellt hat, dass sie falsch ausgesagt haben, gaben häufig an, keinen oder nur relativ leichten Widerstand geleistet zu haben. Fast ein Drittel behauptete, angeblich verbale Verweigerung und/oder leichte körperliche Gegenwehr (Hand wegschieben oder ähnliches) geleistet zu haben; ein Drittel hingegen beschrieb starke körperliche Gegenwehr wie kratzen, treten, beißen, schlagen und zum Teil eine verbale Weigerung. Häufig werden aber aufgrund einer Verweigerung der Aussage oder einer anonymen Anzeige keine genauen Angaben gemacht. Als Begründung nannten sie dafür eine lähmende Angst vor Eskalation, weil sie unter Drogen- oder Alkoholeinfluss standen oder ihnen unbekannte Substanzen verabreicht wurden, weil sie sich „überrumpelt" fühlten oder bewusstlos waren. Einige gaben sogar an, selber nicht zu wissen, warum sie sich nicht gewehrt haben. Obwohl „völlig fehlende Gegenwehr oder ein unentschlossen wirkender, nicht mit allen zur Verfügung stehenden Mitteln versuchter Widerstand gegen unerwünschte sexuelle Handlungen [...] in der polizeilichen und justiziellen Praxis immer noch als Indiz für eine mangelnde Glaubwürdigkeit des Opfers"[355] gilt, darf aus fehlender Gegenwehr nicht gleich auf eine Vortäuschung oder falsche Verdächtigung geschlossen werden.[356]

Ist die Tat vorgetäuscht, so werden meist eigene Verletzungen und eine grobe Gewaltanwendung seitens des Beschuldigten verneint. Und wenn doch, sollte sich die Art der Gewaltanwendung anhand der Verletzungen des Opfers, die bei der rechtsmedizinischen Untersuchung festgestellt werden, wiederspiegeln.

Die Art der behaupteten sexuellen Handlungen, die sich als falsch herausgestellt haben, beschränkt sich bei einer angezeigten sexuellen Nötigung meist auf das Anfassen von Brust- oder Vaginalbereich, zum Teil lediglich oberhalb der Kleidung, oder einer Nötigung zum Oralverkehr. „Bei den Anzeigen wegen angeblicher sexueller Nötigungen scheint bei den „Opfern" relativ schnell eine Grenze erreicht zu werden, ab der ein Widerwille dagegen besteht, sexuelle Handlungen, die über das Berühren der nackten Brust hinausgehen, für Vortäuschungen oder falsche Verdächtigungen ausführlich zu beschreiben."[357]

Wird eine Vergewaltigung, die nicht erlebnisfundiert ist, angezeigt, so werden selten sexuelle Praktiken dargestellt, die über den Geschlechtsverkehr mit vaginaler Penetration mit dem Penis hinausgingen – der Tatablauf

---

[355] Elsner/Steffen (2005): S. 230
[356] vgl. Elsner/Steffen (2005): S. 230-232
[357] Elsner/Steffen (2005): S. 246

ist häufig eng begrenzt auf „die Penetration mit dem Penis und manuellen Manipulationen an Brüsten und Genitalien"[358]. Demzufolge wird ein vaginaler Geschlechtsverkehr am häufigsten angegeben, manchmal schildern die angeblichen Opfer aber auch orale oder anale Praktiken oder gar komplexe Handlungsabläufe. Sehr selten erfolgen Anzeigen angeblicher homosexueller Vergewaltigungen. Einmal gab es eine Anzeige wegen einer angeblichen Vergewaltigung eines Mannes durch eine Frau.[359]
Vermieden wird meist die genaue Schilderung intimer Details. In der Regel erfolgt die Erzählung nur in dem Umfang, wie es erforderlich ist, wobei „die wenig detaillierte Beschreibung der Tat als Ausdruck der naiven Vorstellungen der (meist jungen) Anzeigenerstatterin"[360] fungiert.
Insbesondere bei Anzeigen durch Dritte gibt das angebliche Opfer oft an, dass der Geschlechtsverkehr einvernehmlich beziehungsweise dass gar keine sexuelle Handlung stattgefunden hat. Es stellte sich heraus, dass in solchen Fällen in zwei Dritteln keine sexuellen Handlungen stattgefunden haben und dass in einem Drittel die sexuellen Handlungen einvernehmlich waren.[361]

Nachtatsituation

Die Nachtatsituation bietet ebenfalls Ermittlungsansätze für die Überprüfung der Glaubwürdigkeit der Aussagen des angeblichen Geschädigten. In 62,4% wurde ein länger erzwungenes oder freiwilliges Verbleiben am Tatort angegeben, zum Teil auch, weil es in der eigenen oder gemeinsamen Wohnung stattgefunden hat. Ein fluchtartiges und sofortiges Verlassen des Tatortes – vor allem aus dem öffentlichen oder halböffentlichen Raum – fand in 37,6% statt. In jedem dritten Fall kam es angeblich zu einer Kommunikation zwischen den Tatbeteiligten nach der angeblichen Tat.[362]

---

[358] McDowell C.P., Hibler NS (2001): S. 285 (zitiert nach Elsner/Steffen (2005): S.248)
[359] vgl. Elsner/Steffen (2005): S. 246
[360] Elsner/Steffen (2005): S. 249
[361] vgl. Elsner/Steffen (2005): S. 232
[362] vgl. Elsner/Steffen (2005): S. 249-252

4.2.1.2.3 Nonverbale und paraverbale Verhaltensweisen

Nonverbale Verhaltensweisen sind Gestik und Mimik, während Sprachfluss, Sprechstörungen, Vokabular, Sprachgeschwindigkeit und Sprachfehler die paraverbalen Verhaltensweisen darstellen, „d.h. die Art und Weise, wie die Aussage sprachlich vermittelt wird."[363]

„Ausdrucksmäßig wahrt der ungesteuert Aussagende, wenn er frei von Hemmungen ist, einen ungezwungenen Blickkontakt; Stimmführung und Mimik sind verschiedengradig – je nach Naturell des Aussagenden – gelöst, gelassen oder lebhaft-impulsiv. [...] Es bietet sich kein starres, verkrampftes, stereotypes Ausdrucksgeschehen."[364] Ist der Zeuge ungesteuert, so ist mit regen mimischen und pantomimischen Ausdruckserscheinungen sowie einem unwillkürlichen Demonstrieren von Abläufen zu rechnen. Häufig sind Gesten und mimischer Ausdruck schon zu erkennen, bevor verbal beschrieben wird. Der innere Abstand vom Gesprächspartner ist dabei gering.

Das innere Nacherleben bei der Schilderung von Gefühlen oder Konflikten kann mit extrem einseitigen Gefühlsäußerungen ausgedrückt werden, wie gefasst und äußerlich kühl oder gar distanziert sein. Eventuell schluchzt der Aussagende auch, doch dies ist auch eine typische Reaktion aus Verzweiflung, weil man sich in Lügen verstrickt hat.[365]
Will jemand bewusst täuschen, so versucht er „Hinweise auf diese Täuschung im Ausdrucksverhalten zu verbergen oder zu kontrollieren"[366], er wählt seine sprachlichen Ausdrücke, spricht gehemmt und versucht eventuell – im Gegensatz zur sogenannten drastischen Schilderung – Slangausdrücke und Umgangssprache zu vermeiden. Doch die kognitive Überforderung durch die Vortäuschung kann auch die verbale Qualität – Länge und Differenziertheit von Sätzen, Wortwahl, Versprecher, Sprechpausen et cetera – und die Kontrolle anderer Verhaltensbereiche beeinträchtigen.
Das Gesprochene sowie die Mimik lassen sich am besten kontrollieren, wobei der Arm- und Beinbewegung jedoch wenig Beachtung geschenkt wird. Es wurde festgestellt, dass „eine Pupillenerweiterung, eine erhöhte Lidschlagfrequenz und ein häufigeres Auftreten von Adaptoren mit einer Täuschungsabsicht verbunden"[367] ist, und unter den paralinguistischen

---

[363] Fegert (2001): S. 30
[364] Arntzen (1982): S. 76
[365] vgl. Kraheck-Brägelmann (1994): S. 93
[366] Greuel et al (1998): S. 147
[367] Greuel et al (1998): S. 148 – Studie von Zuckermann und Driver (1985)

Merkmalen eine Zunahme von Sprachverzögerungen, eine erhöhte Grundfrequenz der Stimme sowie häufigere Sprachfehler auftreten. Des Weiteren wird behauptet, dass gestische Bewegungen, auch als Illustratoren bezeichnet, bei täuschenden Aussagen im Gegensatz zu erlebnisfundierten Aussagen abnehmen und das Ausdrucksgeschehen starr, verkrampft und stereotypisch ist.

Zur Aussageweise gehört auch die Gefühlsbeteiligung. Es sollte also darauf geachtet werden, ob Parallelen zwischen der inhaltlichen Beschreibung und entsprechenden unterschiedlichen nonverbalen Gefühlsreaktionen festzustellen sind.[368] Eine bloße Beobachtung der Mimik leistet keinen Beitrag zur richtigen Beurteilung der Glaubhaftigkeit, da auch das Interaktionsverhalten des Interviewers und die darauf aufbauende Situationseinschätzung durch den Befragten erheblichen Einfluss auf sein Ausdrucksverhalten hat. Bemerkt der Zeuge beispielsweise Misstrauen, so reagiert er mit einer erhöhten Erregung, Nervosität, oder versucht verstärkt die Täuschung zu verdecken.[369]

„Aufgrund der bisher vorliegenden Erkenntnisse ist festzustellen, dass es zwar gewisse Zusammenhänge zwischen einzelnen nonverbalen (Gestik, Mimik u.ä.) und paraverbalen Verhaltensweisen (Stottern, Satzabbrüche u.ä.) einerseits und dem Wahrheitsgehalt einer Aussage andererseits gibt. Diese Zusammenhänge sind jedoch zu inkonsistent, um darauf die Beurteilung der Glaubwürdigkeit einer Zeugenaussage stützen zu können. Allenfalls könnten bestimmte Auffälligkeiten im nonverbalen Verhalten Anlass zu weiteren Untersuchungen geben."[370]

---

[368] vgl. Greuel et al (1998): S. 101
[369] vgl. Greuel et al (1998): S. 148-151
[370] Fegert (2001): S. 31

4.2.1.3 Aussagevalidität

Die Validität der Aussage ist die Zuverlässigkeit der Aussage. Fünfzig Prozent aller Zeugenaussagen gelten als unzuverlässig. Um dies zu prüfen wird die Aussagemotivation hinterfragt, der Zeitpunkt der erstmaligen Offenbarung des Vorfalls und die Entwicklung der Aussage auf mögliche Fremdeinflüsse hin untersucht. Persönlichkeitsbesonderheiten sind dabei ebenfalls von Bedeutung.

Es wird eine Fehlerquellenanalyse, eine Motivanalyse, wobei mögliche Motive für eine unzutreffende Belastung des Beschuldigten festzustellen oder auszuschießen sind, eine Suggestionsprüfung sowie eine Persönlichkeitsdiagnose durchgeführt.[371]

Zur Feststellung der Aussagevalidität ist zudem die Vernehmungsmethode sehr wichtig, da die richtige Vernehmung entscheidend für die Wahrheitsfindung ist.

Die Validitäts-Beurteilungskriterien zur Glaubhaftigkeitsbeurteilung sind zum einen psychologische Besonderheiten der Aussageperson, zum anderen motivationale Bedingungen der Aussage sowie die kommunikativen Bedingungen der Aussageentstehung, externe Validierungsmöglichkeiten und suggestive Einflüsse auf die Aussage. Validitätsmindernde Faktoren liefern „Hinweise auf potentielle Verzerrungen, Verfälschungen und nichtintentionale Negativbeeinflussungen einer Aussage."[372]

Psychologische Besonderheiten der Aussageperson können sowohl kognitiv-funktionale Leistungsbesonderheiten als auch Besonderheiten im Erleben und Verhalten oder eine besondere Persönlichkeitsstruktur sein.

Die kognitiv-funktionalen Leistungsbesonderheiten sind demnach nicht nur bezüglich der Einschränkungen der Aussagetüchtigkeit von Bedeutung. Auch individualtypische Besonderheiten des Sprachverhaltens und Kenntnisstandes sind zu beachten. Wenn zum Beispiel Teile des Sachverhaltes in einer Art und Weise dargestellt werden, die dem Ausdruckstil des Zeugen nicht entsprechen, kann dies ein Hinweis auf Suggestion sein. Verfügt der Zeuge über einen sachverhaltsspezifischen Erfahrungshintergrund, kann auf einschlägige Erfahrungen oder eine multiple Viktimisierung geschlossen werden, was wiederum zur Folge haben kann, dass der Zeuge nicht in der Lage ist, eine zuverlässige Differenzierung vorzunehmen. Ein Mangel an sachverhaltsspezifischer Erfahrung kann hingegen validitätsmindernd wirken, insbesondere wenn junge unerfahrene Zeugen kaum differenzieren können, ob eine Manipulation in oder an dem Genital stattgefunden hat. Es

---

[371] vgl. Balloff (2004): S. 146/147
[372] Greuel et al (1998): S. 165

ist hier also nicht nur die Frage nach dem Erlebnisbezug, sondern auch nach der Zuverlässigkeit der Angaben zu stellen.

„Im Einzelfall können sich aus einer akzentuierten Persönlichkeitsstruktur von Zeugen Anhaltspunkte für eine potentielle Minderung der Aussagevalidität ergeben."[373] In Bezug auf die Besonderheiten im Erleben und Verhalten eines Zeugen ist demnach die Aussagezuverlässigkeit beeinträchtigt, wenn der Zeuge beispielsweise aufgrund entwicklungs- und/oder persönlichkeitsspezifischer Besonderheiten zu Aggravation neigt. Solch eine Tendenz zeigt sich häufig schon in sachverhaltsneutralen Schilderungen. Darüber hinaus bedarf es besonderer Auseinandersetzungen mit der Validität einer Aussage, wenn Zeugen Persönlichkeitsstörungen aufweisen, die mit besonderen Beeinträchtigungen der Wahrnehmungsorganisation einhergehen. So werden häufig gewaltfreie Situationen in bedrohliche Ereignisse umgedeutet. Leidet der Zeuge an der Borderlinestörung, so hat dies ebenfalls Einschränkungen bezüglich der Validität zur Folge. Doch „für die Glaubhaftigkeitsbegutachtung ist in erster Linie entscheidend, wie gravierend die Beeinträchtigungen der Realitätsorientierung zu bewerten ist."[374]

Entscheidend für die Unterscheidung der Glaubwürdigkeit ist die Motivation des Aussagenden, eine korrekte Sachverhaltsdarstellung zu geben.[375] Die Frage nach der Aussagemotivation oder den motivationalen Bedingungen der Aussage bezieht sich auf motivationale Tendenzen, „die sich verfälschend auf die Aussage ausgewirkt haben könnten."[376] Die Motivanalyse zielt auf die Feststellung möglicher Motive für eine unzutreffende Belastung des Beschuldigten durch den Zeugen ab.

Dafür wird vor allem die Motivation der Erstaussage untersucht, denn bei wiederholten Aussagen können eventuell weitere Motive hinzukommen. Diese Informationsgewinnung erfolgt in der Regel durch direktes Nachfragen.

Die Beziehung zwischen Zeuge und Beschuldigten wird untersucht, indem eine emotional-affektive Einstellung des Zeugen zum Beschuldigten oder eine sonstige zwischenmenschliche Beziehung erforscht wird. Häufig besteht eine Täter-Opfer-Beziehung insofern, als dass die Personen verwandt oder befreundet sind. Es kann auch sein, dass eine Person ein Mitarbeiter oder Besucher der anderen Person ist. Daher sollten dem angeblichen Opfer

---

[373] Greuel et al 167
[374] Greuel et al 168
[375] vgl. Flogaus (2003/2004): S. 7; vgl. Fegert (2001): S. 29
[376] Greuel et al (1998): S. 169

Fragen gestellt werden, die sich auf das persönliche Verhältnis zum Täter beziehen.

Bei 1194 untersuchten realen Vergewaltigungen und sexuellen Nötigung bestand in 526 Fällen eine Bekanntschaft und in 256 Fällen eine Verwandtschaft; bei 144 Sexualdelikten bestand eine flüchtige Vorbeziehung, in 64 Fällen ist die Vorbeziehung unbekannt und lediglich in 204 Fällen wurde keine Vorbeziehung nachgewiesen.[377] Bei Falschanzeigen beziehungsweise vorgetäuschten Sexualdelikten wurden hingegen 30% der Anzeigen gegen Unbekannt aufgegeben, das heißt, dass in fast einem Drittel keine Tatverdächtigen-Opfer-Beziehung festzustellen war. In 12,1% handelte es sich bei dem Tatverdächtigen um eine flüchtige Bekanntschaft, beispielsweise eine Kneipenbekanntschaft, in 25% um eine Bekanntschaft mit „mehr oder weniger regelmäßig[en] Kontakte[n] mit Gesprächen, aber ohne sexuelle Annäherung."[378] In fünf Prozent der Fälle wurde fälschlicherweise ein naher Verwandter, Onkel, Schwager, Bruder oder Vater, angezeigt und 13,6% der Anzeigen richteten sich gegen den aktuellen, 9,3% gegen den ehemaligen Partner.[379] Besteht eine Beziehung zwischen Tatverdächtigem und Opfer, so sollte hinterfragt werden, ob es gemeinsame Zukunftspläne gibt, ob eine längere Bindung oder sogar eine häusliche Lebensgemeinschaft besteht und ob Intimkontakte abgesehen von dem fraglichen Fall stattfinden. Wird jegliche Art von sozialer Beziehung zwischen den beiden bejaht werden, ist des Weiteren zu erforschen, ob sich diese in eine bestimmte Richtung entwickelt oder plötzlich verändert hat.

Außerdem muss die äußere und psychische Situation des erstmaligen Vorbringens der Zeugenaussage, die Entstehungsgeschichte der Aussage, die Aussageweise, der Aussageinhalt, vom Zeugen vorhersehbare Folgen der Aussage und Verhalten des Zeugen nach Anzeigenerstattung erforscht werden.

Problem bei der Motivationsanalyse ist, dass die „Möglichkeit des Zusammenwirkens mehrere Motive bei der Aussageentstehung"[380] besteht. Außerdem können alle Motive für eine Falschaussage (zum Beispiel Rache oder Streit) auch Motivation sein, die erlebnisfundierte Sexualstraftat anzuzeigen und nicht darüber zu schweigen.

---

[377] Elsner/Steffen (2005): S. 37
[378] Elsner/Steffen (2005): S. 225
[379] Elsner/Steffen (2005): S. 224-226
[380] Greuel et al (1998): S. 172

Weiterhin sind die kommunikativen Bedingungen der Aussageentstehung auf suggestive Einflüsse hin zu überprüfen. Externe und interne, individuelle und kontextuelle Rahmenbedingungen der Aussage sollten frei von Störungen sein, die Zweifel an der Zuverlässigkeit der Aussage begründen könnten.[381]

Die Wahrscheinlichkeit und das Ausmaß einer möglichen suggestiven Beeinflussung soll abgeschätzt werden. Dabei muss die Häufigkeit vorangegangener Gespräche berücksichtigt werden: „Je häufiger Gespräche über das fragliche Ereignis geführt wurden, desto eher ist eine suggestive Verzerrung der Angaben auch in zentralen Aspekten des fraglichen Ereignisses möglich.[382] Zu dem Zweck ist zu rekonstruieren, wem gegenüber die erste Aussage gemacht wurde, in welcher Situation, welche Angaben dabei gemacht wurden, ob der Zeuge es spontan oder auf Befragen hin geäußert hat, welche Art von Fragen dem angeblichen Opfer gestellt wurden und wie klar sich der Zeuge zum Zeitpunkt der ersten Angaben erinnern konnte. Weitere Aspekte wie die Voreinstellung und Erwartung der Gesprächspartner bezüglich des Ereignisses und des Beschuldigten und wie sie auf die Mitteilung reagiert haben, die Art der persönlichen Beziehung zwischen dem Zeugen und dem Gesprächspartner – bei einer vertrauensvollen Beziehung sind suggestive Einflüsse besonders wirksam – und die Veränderung der Aussage im zeitlichen Verlauf ist zu berücksichtigen. Zudem ist das Alter des Zeugen von Bedeutung, denn je jünger die Person ist, desto wahrscheinlicher ist eine Suggestion. Bedingungen der Wirksamkeit suggestiver Einflüsse sind die Art der Falschinformation, die Befragungssituation, die Art des erlebten Ereignisses, die Induktion von Stereotypen und eine (deutliche) Veränderung der Aussage im zeitlichen Verlauf.[383]

Nicht nur im Gespräch mit Bekannten oder Verwandten, sondern auch während der Vernehmung kann der Zeuge suggestiv beeinflusst werden. Um „störungsfreie interne und externe Rahmenbedingungen der Aussageentwicklung"[384] zu gewährleisten, sollte der vernehmende Beamte auf die Frageformen achten, da spezielle Frageformen suggestiv wirken können: Geeignete Frageformen sind Leerfragen, Anstoßfragen, Wahlfragen und Konträrfragen; bedingt geeignet ist die Stichwortfrage und als ungeeignet gelten Erwartungsfragen, Voraussetzungsfragen, Vorhaltfragen und Wiederholungsfragen.[385] Fälschungsmöglichkeiten einer Vernehmung entste-

---

[381] vgl. Balloff (2004): S. 159
[382] Greuel et al (1998): S. 200
[383] vgl. Greuel et al (1998): S. 179-202
[384] Flogaus (2003/2004): S. 32
[385] vgl. Balloff (2002): S. 162; vgl. Balloff (2004): S. 109

hen, wenn die Ausgangshypothese des Vernehmenden die Formulierung der gestellten Fragen beeinflusst und bewirkt, dass er bei der Auffassung der von dem Zeugen gemachten Angaben selektiv verfährt. Der Zeuge ist nämlich geneigt, sich nach den Nuancen in den Fragen und dem Verhalten des Vernehmenden zu richten, welche dessen Erwartungen verraten. Das kann zur Folge haben, dass die ursprünglichen Erinnerungsbilder von den Vorstellungen, die im Laufe einer Vernehmung entwickelt werden, überlagert werden. Diese können dann später sekundäre Erinnerungsbilder entstehen lassen, die der Zeuge für Erinnerungen an das ursprüngliche Geschehen hält.[386]

Geht es um die externen Validierungsmöglichkeiten, so werden die „Übereinstimmung zwischen Aussageinhalt und externen Gegebenheiten unter dem Aspekt der Aussagevalidität"[387] diskutiert.
„Im Übrigen soll in diesem Zusammenhang darauf verwiesen werden, dass allein die Anzahl gleichlautender Angaben bzw. gleichsinnig aussagender Personen nicht zwingend den Schluss auf die Richtigkeit der jeweiligen Einlassung erlaubt."[388]

Zu den aussagepsychologischen Gesichtspunkten für das Gedächtnis ist zu sagen, dass das Gedächtnis selektiv arbeitet, was bedeutet, dass die Erinnerungen, die in der Persönlichkeit verankert sind, die größte Beständigkeit haben. Nach einiger Zeit fallen die äußeren, faktischen Umstände wie Datum, Uhrzeit, Wochentag und Ort weg, später wird die Reihenfolge verändert oder Details werden verwechselt. Nach längerer Zeit „bleiben nur die zentralen Bestandteile der Erlebnisses bestehen."[389] Erinnerungslücken werden oft ausgefüllt mit logischen Fragmenten, oder mit Bestandteilen, die mit den Wünschen des Individuums bezüglich der Vergangenheit übereinstimmen. Erinnerungsfehler werden sogar bei Ereignissen oder Beobachtungen, die einen starken Eindruck hinterlassen haben, im Laufe der Zeit größer. Bei dem Versuch, Erinnerungsbilder zu reproduzieren, können dann andere Erinnerungsbilder entstehen.[390]
Zudem sollten mögliche Konsequenzen des Vorwurfs untersucht werden und ob die Anzeige in irgendeiner Weise den persönlichen Interessen des Zeugen dienen könnte.

---

[386] vgl. Trankell (1971): S. 29
[387] Greuel et al (1998): S. 202
[388] Greuel et al (1998): S. 202
[389] Trankell (1971): S. 21
[390] vgl. Trankell (1971): S. 21-24

4.2.1.4   Hypothesengeleitete Diagnostik

„Kriminalistische Hypothesen (Versionen) sind auf Tatsachen begründete, in der Regel variantenhafte bzw. alternative Erklärungsmodelle für kriminalistisch relevante Sachverhalte."[391] Motiv für eine Falschanzeige oder das Vortäuschen eines Sexualdeliktes können die oben genannten Hintergründe sein. Um dies zu überprüfen, sollte für jedes mögliche Motiv jeweils eine Hypothese gebildet werden, wobei oben genannte Hintergründe nicht abschließend sind, sondern exemplarisch anzusehen sind.

Das Ziel der aussagepsychologischen Hypothesengenerierung besteht darin, „unter Berücksichtigung aller im Einzelfall sinnvollen bzw. relevanten Erklärungsmodelle Annahmen über die mögliche Basis einer Aussage zu generieren und deren differentiellen Wahrscheinlichkeitsgrad über hypothesengeleitete Datenerhebungen zu bestimmen."[392] Zur Erstellung einer solchen Behauptung müssen zunächst die Informationen beurteilt werden, offene Fragen definiert und die als richtig angenommenen Daten kombiniert beziehungsweise miteinander in Beziehung gesetzt werden. Weiter müssen Vermutungen angestellt werden, wobei noch unbekannte Tatsachen als gegeben angesehen werden. Erst dann werden die kriminalistischen Hypothesen formuliert, indem die als richtig angenommenen Informationen mit den bloß angenommenen Daten kombiniert werden. Diese Hypothese ist anschließend auf ihre Folgerichtigkeit zu überprüfen, wobei wissenschaftliche Aussagen und kriminalistische Erfahrungen beachtet werden müssen. Dies kann auch ergeben, dass die Hypothese ergänzt oder modifiziert werden muss. Gegebenenfalls folgen dann die Falsifizierung der Hypothese und die Aufstellung einer neuen Hypothese.[393] Dabei ist es notwendig, dass sämtliche alternativen Hypothesen in Betracht gezogen werden, „wobei es vernachlässigenswert erscheint, ob diese Hypothesenüberprüfung sich am experimentellen oder aber hermeneutischen Methodenverständnis orientiert."[394]

Um das Vorliegen einer intentionalen Falschaussage anzunehmen, wird die sogenannte Phantasie-Hypothese gebildet. Ist dies der Fall, so liegt meist eine allgemein hochwertige Aussagequalität vor. Die Qualitätsmerkmale erlebnisfundierter Aussagen „sind letztlich gerade für die Differenzierung

---

[391] Clages (2004): S. 165

[392] Greuel (2000): S. 60

[393] vgl. Clages (2004): S. 170

[394] Offe/Offe (1994, zit. nach Greuel 2000): S. 60

zwischen erlebnisgestützten und erlebnisfern (in der Phantasie) konstruierten Schilderungen entwickelt worden."[395] Im Bereich der Aussagetüchtigkeit sind dann in der Regel ein sachverhaltsspezifisches Wissen und eine gute Phantasieproduktivität zu erwarten.

Die Induktions-Hypothese, wonach die Aussage auf eine intentionale Instruktion durch Dritte zu überprüfen ist, kann als Sonderfall der Phantasie-Hypothese angesehen werden. Denn „sofern sich Verdachtsmomente ergeben, dass dem Zeugen von einem Dritten bewusste eine Falschaussage „eingeredet" worden sein könnte, bedeutet dies letztlich nichts anderes, als die Möglichkeit einer erfundenen Falschaussage in Erwägung zu ziehen."[396] Infolgedessen kann hier ebenfalls die merkmalsorientierte Aussageanalyse zur Differenzierung zwischen erlebnisfundierter und erlebnisfern konstruierter Aussage herangezogen werden. Die Überprüfung der Eigenständigkeit der Aussage steht dabei im Mittelpunkt.
Bezüglich der Aussagetüchtigkeit ist in Erfahrung zu bringen, ob der Zeuge aufgrund seiner intellektuell-kognitiven Voraussetzungen überhaupt in der Lage wäre, ausschließlich die durch den hypothetischen Instruktor übermittelten sprachlichen Inhalte allein aus dem verbalen Merkgedächtnis heraus mit der vorliegenden Qualität zu reproduzieren. Dies muss außerdem in einen ich-nahen Erlebniskontext übertragen werden.[397] Der Zeuge muss also über ein gut ausgeprägtes verbales Merkgedächtnis und eine Kompetenz zur Kontextübertragung verfügen.

Hinsichtlich der Aussagevalidität sollte eine erweiterte Motivanalyse erfolgen, die sich nicht lediglich auf die Aussagemotivation des Zeugen selbst bezieht, sondern auch auf die des potentiellen Instruktors.

Des Weiteren ist die Wahrnehmungsübertragungs-Hypothese zu bilden. „Auf der Ebene der Aussagequalität wäre hier verstärkt der Frage nachzugehen, ob und ggf. inwieweit in der Aussage spezifische Qualitätsmerkmale enthalten sind, die mit der Hypothese eines ich-nahen Eigenerlebens, nicht aber mit der einer lediglich passiven Beobachtung in Einklang zu bringen sind."[398] Dazu zählen Detailbesonderheiten, die den eigenpsychischen Gehalt der Aussage begründen, Schilderungen eigenpsychischen und eigenphysischen Erlebens sowie Interaktionsschilderungen.

---

[395] Greuel (2000): S. 62
[396] Greuel (2000): S. 62
[397] vgl. Greuel (2000): S. 62
[398] Greuel (2000): S. 63

Im Bereich der Aussagetüchtigkeit muss erforscht werden, ob der Zeuge von seinen kognitiv-funktionalen Voraussetzungen in der Lage wäre, Kontextübertragungen und Perspektivenwechsel so vorzunehmen, dass die reine Beobachtung mit einer unmittelbar autonoetischen Erlebniskomponente erweitert wird.[399]

Wenn Anhaltspunkte dafür vorliegen, dass der Zeuge woanders gemachte Erfahrungen fälschlicherweise auf die Person des Beschuldigten übertragen haben könnte, ist die Personenübertragungs-Hypothese in Erwägung zu ziehen. Es muss dabei im Rahmen der Aussagetüchtigkeit geprüft werden, ob einschlägiges Erfahrungswissen vorliegt. Außerdem verfügt der Zeuge in solch einem Fall meist über eine gute Kompetenz zur Kontextübertragung und zum Perspektivenwechsel. Auf der Ebene der Aussagequalität sind hier zusätzlich zu den Qualitätsmerkmalen erlebnisfundierter Aussagen qualifizierte Ausprägungen der Individualverflechtung zu erwarten.[400]

Zur Überprüfung der Suggestions-Hypothese sind die Realkennzeichen kaum anzuwenden. Das Merkmal der Eigenständigkeit kann unter Umständen sogar sehr spezifisch ausgeprägt sein.
Hinsichtlich der Aussagezuverlässigkeit sollte die Aussagegeschichte rekonstruiert werden und eine erweiterte Motivanalyse gemacht werden.[401]

4.2.2 Allgemeine Glaubwürdigkeit

Das Konzept einer allgemeinen Glaubwürdigkeit ist veraltet. Es wird nicht mehr davon ausgegangen, „dass jemand generell dazu neigt, wahre bzw. unwahre Aussagen zu machen"[402]. Daher ergibt eine allgemeine Persönlichkeitsdiagnostik, dass zum Beispiel ein Adliger oder Prominenter stets die Wahrheit sagt, keine brauchbaren Informationen. Auch wenn eine Person zuvor in einer anderen Angelegenheit auf ihre Glaubwürdigkeit hin geprüft wurde und diese bejaht wurde, kann nicht davon ausgegangen werden, dass dies in jedem weiteren Fall ebenso ist.

---

[399] vgl. Greuel (2000): S. 63
[400] vgl. Greuel (2000): S. 61,63
[401] vgl. Greuel (2000): S. 61
[402] Fegert (2001): S. 30

5 Zusammenfassung

Bei der Bearbeitung von Sexualdelikten ist Fingerspitzengefühl gefragt. Auch dann, wenn die Aussage dem Vernehmenden schon von Anfang an unglaubwürdig erscheint, muss dieser so lange objektiv und sachlich weiter ermitteln, bis sein Verdacht eindeutig bewiesen ist. Wird einer Person nämlich zu früh eine Falschanzeige vorgeworfen und ist dieser Vorwurf unberechtigt, so wird sie sich unverstanden fühlen und der Polizei nicht mehr vertrauen. Man sollte nicht Gefahr laufen, sich durch vorherige Erfahrungen, bestimmten Hinweisen oder der anzeigenden Person beeinflussen zu lassen. Eine vorurteilsfreie Ermittlungsarbeit soll gewährleistet werden – mit der Möglichkeit im Hinterkopf, dass die Anzeigende nicht die Wahrheit sagt.

Auch wenn ein Verständnisfehler vorliegt, indem das Opfer beispielsweise denkt, sie sei Opfer einer Vergewaltigung oder sexuellen Nötigung geworden, doch der Tatbestand einer solchen Straftat ist offensichtlich nicht erfüllt, ist ihr das nicht vorzuwerfen. Statt sie zurückzuweisen, sollte der Ermittler der Person sachlich erklären, warum es sich nicht um ein solches Delikt handelt und ihr gegebenenfalls weitere Hilfe anbieten.

Spuren müssen umgehend gesichert, asserviert und gegebenenfalls untersucht werden. Problematisch ist jedoch, dass sich aufgrund verspäteter Anzeigen oft tatrelevante Spuren schon allein wegen der zeitlichen Verzögerung nicht mehr sichern lassen, vor allem wenn die angeblichen Opfer erklären, sie hätten sich selbst, die Kleidung und eventuell andere Spurenträger wie Bettlaken oder ähnliches schon gereinigt. Doch auch wenn nicht sicher ist, ob die Kleidung oder anderes doch Spurenträger ist, sollte der Gegenstand darauf hin untersucht werden. Auch wenn beispielsweise eine Spur hinterlassen worden sein müsste, es aber nicht ist, sollte deswegen nicht umgehend drauf geschlossen werden, dass keine Straftat vorliegt. Das Fehlen von Spuren kann auch andere Gründe haben. Es gibt kaum eindeutige Beweise für ein Sexualdelikt und dementsprechend ist es auch schwierig zu beweisen, dass ein solches nicht stattgefunden hat. Befand sich am Körper und der Kleidung des Opfers und womöglich auch des Täters biologisches Material, wie zum Beispiel Sperma, so ist zumindest ein körperlicher Kontakt der Personen unumstritten. Sperma im Genital- oder Analbereich oder gar Risse und andere Verletzungen in der Region weisen auf einen stattgehabten Geschlechtsverkehr hin. Fraglich ist bei dem Vorhandensein von Sperma als einziger Spur, ob der Geschlechtsverkehr einvernehmlich oder unter Gewaltanwendung stattgefunden hat. Insbesondere wenn das angebliche Opfer und der vermeintliche Täter verheiratet sind oder in einer Beziehung leben, ist der Geschlechtsverkehr an sich häufig unumstritten – fraglich ist meist jedoch die Gewaltanwendung. Eventuell vorhandene Verletzungen wie Kratzspuren, Prellungen etc. können auch von einer anderen Straftat, einem Unfall oder einer Selbstverletzung herrühren. Letztere sind in der Regel jedoch eindeutig von durch Fremdeinfluss beigefügten Verletzungen zu unterscheiden. Es ist jedoch vor allem bei zeitlicher Distanz zwischen angeblicher Tat und Anzeige schwierig festzustellen, ob beispielsweise der blaue Fleck am Arm durch einen Treppensturz oder ein Schubsen gegen die Wand oder ähnliches entstanden ist. Anhand des Tatortes lässt sich in der Regel feststellen, ob Personen dort waren und ob ein Sexualdelikt dort überhaupt möglich gewesen wäre. Dabei werden nicht nur räumliche Aspekte beachtet, sondern auch, ob diese Straftat aufgrund vermehrter Passanten oder Anwohner überhaupt unbemerkt vollzogen worden sein könnte. Häufig scheitert die Falschanzeige an den Gegebenheiten des Tatortes: Der Tatort wird beispielsweise völlig anders beschrieben, als er in Wirklichkeit ist, die Verschlussmöglichkeiten lassen ein Eindringen gar nicht zu, es befinden sich zur angeblichen Tatzeit täglich mehrere Personen an dem Ort, die die Tat verhindern oder zumindest bemerkt haben müssten, oder die Person kann sich zu dem Zeitpunkt gar nicht an dem Ort aufgehalten haben (Weg-Zeit-Berechnung).

Aufgrund der geringen Sachbeweise ist eine ordnungsgemäß durchgeführte, sorgfältige Vernehmung unerlässlich. Daher müssen unbedingt die geeigneten Frageformen verwendet werden und die Vernehmung ist möglichst auf Video aufzuzeichnen. „Der Begriff der Glaubhaftigkeit stellt sich [...] als eine Art sprachliches Kürzel für eine Aussage dar, die von einem aussagetüchtigen Zeugen in einer Art und Weise vorgebracht wird, dass sie aussagepsychologisch relevante Qualitätsmerkmale einer im subjektiven Erleben begründeten Aussage aufweist und darüber hinaus weder von internen noch externen Rahmenbedingungen beeinflusst ist, die substantielle Validitätsminderungen begründen können.“[403] Die Glaubhaftigkeitsuntersuchung kann Hinweise darauf geben, ob der Zeuge die Wahrheit sagt, ob er lügt oder gar beeinflusst wurde. Hierbei ergeben sich aber auch lediglich Anhaltspunkte und Andeutungen, die mit anderen verknüpft werden müssen. Die Aussage muss hinsichtlich der Aussagequalität, Aussagevalidität und Aussagetüchtigkeit untersucht werden. Das abschließend gutachterliche Urteil über die Glaubhaftigkeit einer Aussage darf demnach niemals allein auf einer einzigen Konstruktebene erfolgen, sondern erfordert immer

---

[403] Greuel et al (1998): S. 203

„eine integrative Betrachtung der Befunde in Bezug auf die vollständige aussagepsychologische Konstrukt Trias."[404]

Ohne erneut auf die einzelnen Realkennzeichen einzugehen, lässt sich zusammenfassend sagen, dass Falschaussagen in der Regel pauschal, allgemein, vage und verschwommen sind. Sie weisen keine Details oder Besonderheiten auf und sind nur beschränkt präzisiert. Da der falsch aussagende Zeuge ein Verwickeln in Widersprüche fürchtet, werden erst nach langem Überlegen geringe Ergänzungen gemacht. Die Aussage ist insgesamt möglichst kurz. Außerdem sind diese Aussagen geprägt durch Inkonstanz sowie fehlende Homogenität und fehlende Objektivität.[405]

Abschließend ist zu sagen, dass wegen der wenigen Sach- und Personenbeweise eine Überprüfung des geschilderten Tatablaufs, der Tatumstände oder Schlüsse auf Täterschaft selten möglich ist: „Ohne ein Geständnis ist ein Tatnachweis meist nicht zu führen – besonders wichtig sind daher die Aussagen des „Opfers" und die Überprüfung ihrer Glaubhaftigkeit."[406]

---

[404] Greuel (2000): S. 62
[405] vgl. Arntzen (1982): S. 113-115
[406] Elsner/Steffen (2005): S. 253

GLOSSAR

*Die im Glossar erwähnten Fachbegriffe sind im Text mit * gekennzeichnet.*

abdominal: den Bauch oder Unterleib betreffend

Anogenitalen: die Region der Geschlechtsteile und After betreffend

Artefakt: etwas von Menschenhand künstlich Hergestelltes

Cervix/Cervix uteri: der Gebärmutterhals, also der untere Teil der Gebärmutter, der die Öffnung zur Scheide, den Muttermund, enthält, die Cervix/Zervix stellt die Verbindung der Gebärmutter in die Scheide dar

Defloration: der beim ersten Geschlechtsverkehr erfolgende Einriss des Jungfernhäutchens (Hymen) durch den in die Scheide eingeführten Penis oder als Folge manueller oder instrumenteller Manipulation

dorsal: die Rückseite (Dorsum) eines Körperteils oder eines Organs, hier der Vagina, betreffend

Exkoriationen (Excoriatio): ein traumatischer Substanzdefekt der Haut der bis in die Dermis reicht; dieses „nach außen Kehren" der Lederhaut wird zum Beispiel durch Kratzen bei stark juckenden Dermatosen (krankhafte Veränderungen der Haut) verursacht

FISH-Nachweis (Fluorescenence in situ hybridization): es wird eine spezielle Y-Chromosom DNA-Probe verwendet, um männliche Zellen zu identifizieren; mit dieser Technik wird nicht nur Sperma, sondern auch andere Zellen männlichen Geschlechts identifiziert

Glans penis: vordere, vom Harnröhrenschwellkörper (Corpus spongiosum) gebildete Verdickung des Penis

Hämatom: Bluterguss

Hymen: Jungfernhäutchen, dünne Schleimhautfalte am Scheideneingang, welche die Mündung der Scheide in den Scheidenvorhof einengt; das aus einer epithelbedeckten Mesenchymscheibe zwischen Sinus urogenitalis und Scheidenanlage entstandene „Jungfernhäutchen" als den Scheideneingang verschließende Schleimhautfalte mit kleiner Öffnung. Reißt – außer bei starker Dehnbarkeit – bei der Defloration ein, wird bei der Entbindung zerstört (Reste: „Hymenalknötchen", Carunculae hymenales).

Isoenzympolymorphismen: die Enzyme Phosphoglucomutase (PGM) und Peptidase A (Pep A) sind in Sperma und in Vaginalsekreten vorhanden; PGM (bis zu 6h danach zu finden) gibt es in jeder Bevölkerungsgruppe und lässt sich in 10 Untergruppen einteilen; Pep A (bis zu 3h danach zu finden) ist hauptsächlich in der schwarzen Bevölkerung zu finden

Konjunktivalblutungen/konjunktivale Blutungen: (an der Bindehaut des Auges- durch Würge- oder Drosselvorgänge)": Zeichen komprimierender Gewalteinwirkung, z.B. gegen Hals (Würge-/Drosselmale)

Läsion: die Verletzung oder Störung der Funktion eines Organs oder Körperteils

Mamillen: Brustwarzen

odorologisch: Odor = Geruch

petechial: punkt-, fleckenförmig

Petechien: Stauungsblutungen

Portio: (lat: Portio vaginalis uteri) der Teil der Cervix, der in die Vagina hineinreicht

Präputium: Penisvorhaut

retrahiertem: geschrumpftem (Retraktion= Schrumpfung)

serogenetisch: mit ursächlicher Beteiligung von Blutserum (auch i.S. immunologisch, allergisch) [Serogenetik= die mittels serologischer Methoden fassbare Genetik der Blut- u. Serumgruppen betreffend.]

serologisch: die Serologie (Lehre von den physiologischen u. pathologischen Immunei- genschaften des Blutserums u. von deren Bestimmung mit Hilfe von Antigen- Antikörper-Reaktionen im Reagenzglas) bzw. das Blutserum betreffend

Smegma: Vorhauttalg, gelblichweiße Absonderung der Eichel beim Mann und zwi- schen den Schamlippen der Frau

Sulcus coronarius die Kranzfurche an der Vorhof-Kammer-Grenze des Herzens

Trichomonaden/Trichomoniasis: eine Infektion der Schleimhäute des Urogenitaltrakts, die durch den Flagellaten, Trichomonas (T.) vaginalis, verursacht wird; Die Trichomoniasis ist eine weltweit vorkommende sexuell übertragene Infektion, die eng mit der sexuellen Aktivität korreliert

Vaginoskop: Spreizspekulum, das zur optischen Begutachtung der Vagina verwendet wird

Zervixkanal: Vaginalkanal

ANHANG

§ 177 StGB; Sexuelle Nötigung; Vergewaltigung.

(1) Wer eine andere Person
1. mit Gewalt,
2. durch Drohung mit gegenwärtiger Gefahr für Leib oder Leben oder
3. unter Ausnutzung einer Lage, in der das Opfer der Einwirkung des Täters schutzlos ausgeliefert ist,

nötigt, sexuelle Handlungen des Täters oder eines Dritten an sich zu dulden oder an dem   Täter oder einem Dritten vorzunehmen, wird mit Freiheitsstrafe nicht unter einem Jahr bestraft.

(2) In besonders schweren Fällen ist die Strafe Freiheitsstrafe nicht unter zwei Jahren. Ein besonders schwerer Fall liegt in der Regel vor, wenn
1. der Täter mit dem Opfer den Beischlaf vollzieht oder ähnliche sexuelle Handlungen an dem Opfer vornimmt oder an sich von ihm vornehmen lässt, die dieses besonders erniedrigen, insbesondere, wenn sie mit einem Eindringen in den Körper verbunden sind (Vergewaltigung), oder
2. die Tat von mehreren gemeinschaftlich begangen wird.

(3) Auf Freiheitsstrafe nicht unter drei Jahren ist zu erkennen, wenn der Täter
1. eine Waffe oder ein anderes gefährliches Werkzeug bei sich führt,
2. sonst ein Werkzeug oder Mittel bei sich führt, um den Widerstand einer anderen Person durch Gewalt oder Drohung mit Gewalt zu verhindern oder zu überwinden, oder
3. das Opfer durch die Tat in die Gefahr einer schweren Gesundheitsschädigung bringt.

(4) Auf Freiheitsstrafe nicht unter fünf Jahren ist zu erkennen, wenn der Täter
1. bei der Tat eine Waffe oder ein anderes gefährliches Werkzeug verwendet oder
2. das Opfer
   a) bei der Tat körperlich schwer misshandelt oder
   b) durch die Tat in die Gefahr des Todes bringt.

(5) In minder schweren Fällen des Absatzes 1 ist auf Freiheitsstrafe von sechs Monaten bis zu fünf Jahren, in minder schweren Fällen der Absätze 3 und 4 auf Freiheitsstrafe von einem Jahr bis zu zehn Jahren zu erkennen.

§ 145d StGB; Vortäuschen einer Straftat

(1) Wer wider besseres Wissen einer Behörde oder einer zur Entgegennahme von Anzeigen zuständigen Stelle vortäuscht,
1. dass eine rechtswidrige Tat begangen worden sei oder
2. dass die Verwirklichung einer der in § 126 Abs. 1 genannten rechtswidrigen Taten bevorstehe,
wird mit Freiheitsstrafe bis zu drei Jahren oder mit Geldstrafe bestraft, wenn die Tat nicht in § 164, § 258 oder § 258a mit Strafe bedroht ist.

(2) Ebenso wird bestraft, wer wider besseres Wissen eine der in Absatz 1 bezeichneten Stellen über den Beteiligten
1. an einer rechtswidrigen Tat oder
2. an einer bevorstehenden, in § 126 Abs. 1 genannten rechtswidrigen Tat
zu täuschen sucht.

§ 164 StGB; Falsche Verdächtigung

(1) Wer einen anderen bei einer Behörde oder einem zur Entgegennahme von Anzeigen zuständigen Amtsträger oder militärischen Vorgesetzten oder öffentlich wider besseres Wissen einer rechtswidrigen Tat oder der Verletzung einer Dienstpflicht in der Absicht verdächtigt, ein behördliches Verfahren oder andere behördliche Maßnahmen gegen ihn herbeizuführen oder fortdauern zu lassen, wird mit Freiheitsstrafe bis zu fünf Jahren oder mit Geldstrafe bestraft.

(2) Ebenso wird bestraft, wer in gleicher Absicht bei einer der in Absatz 1 bezeichneten Stellen oder öffentlich über einen anderen wider besseres Wissen eine sonstige Behauptung tatsächlicher Art aufstellt, die geeignet ist, ein behördliches Verfahren oder andere behördliche Maßnahmen gegen ihn herbeizuführen oder fortdauern zu lassen.

Literaturverzeichnis

Adam, Dr. Jörg; Belling, Walter; Brückner, Frank; Diedering, Heinz; Fregin, Dr. Wulfhard; Goepel, Dr. Karl; Grüttner, Rene; Krumbach, Dr. Klaus; Menzer, Dr. Frank; Mielke, Dr. Gerhard; Munschke, Michael; Otto, Eleonore; Petereit, Detlef; Rothe, Bärbel; Rothe, Monika; Schwenzer, Dr. Klaus; Struwe, Hartmut; Thieme, Dr. Hermann; Wichitill, Dr. Josef; Wissel, Heide-Ute (1989): Materielle Beweismittel Teil 2. (2. Auflage). Berlin.

Amann, Gabriele; Wipplinger, Rudolf (2002): Medien. In: Bange, Dirk; Körner, Wilhelm (Hrsg.): Handwörterbuch Sexueller Missbrauch, S.337-345. Göttingen.

Arntzen, Friedrich (1982): Psychologie der Zeugenaussage. (2. Auflage). München.

Balloff. Rainer (2004): Überblick über Begutachtungsmethoden. In: Körner, Wilhelm; Lenz, Albert (Hrsg.): Sexueller Missbrauch, S.140-163. Göttingen.

Balloff, Rainer (2004): Wahrnehmung, Gedächtnis, Erinnerung. In: Körner, Wilhelm; Lenz, Albert (Hrsg.): Sexueller Missbrauch, S.107-120. Göttingen.

Ballof, Rainer (2002): Glaubhaftigkeitsuntersuchung und diagnostischer Erkenntnisprozess in Fällen sexuellen Missbrauchs. In: Bange, Dirk; Körner, Wilhelm (Hrsg.): Handwörterbuch Sexueller Missbrauch, S.162-169. Göttingen.

Bange, Dirk (2002): Erinnerungen. In: Bange, Dirk; Körner, Wilhelm (Hrsg.): Handwörterbuch Sexueller Missbrauch, S.61-69. Göttingen.

Bange, Dirk (2002): Falschbeschuldigungen. In: Bange, Dirk; Körner, Wilhelm (Hrsg.): Handwörterbuch Sexueller Missbrauch, S.90-97. Göttingen.

Böhle, Karlheinz; Göttert, Armin; Grube, Werner; Harig, Erhard; Helmbold, Rainer; Höpfner, Jürgen; Janka, Bernd; Kahlfeld, Norbert; Kurras, Günter; Marquardt, Winfried; Nachtigall, Horst; Peters, Dieter; Schaedel, erika; Schill, Rainer; Schwenzer, Dr. Klaus; Spilski, Wolfgang; Tuve, Manfred (1986): Materielle Beweismittel Teil 1. (2. Auflage). Berlin.

Clages, Horst (2004): Der rote Faden. (11. Auflage). Heidelberg.

Deegener, Günther (2004): Exploration sexuell missbrauchter Kinder. In: Körner,. Wilhelm; Lenz, Albert (Hrsg.): Sexueller Missbrauch, S.121-128. Göttingen.

Deegener, Günther (2004): Non-verbale diagnostische Verfahren. In: Körner, Wilhelm; Lenz, Albert (Hrsg.): Sexueller Missbrauch, S.129-139. Göttingen.

Diekmann, Manfred (2003): Bearbeitung von Sexualstraftaten aus der Sicht der Praxis. Die neue Polizei, 53. Jahrgang Heft 02/2003, S. 31-34.

Elsner, Erich; Steffen, Wiebke (2005): Vergewaltigung und sexuelle Nötigung in Bayern.(1. Auflage). München.

Enders, Ursula (2002): Missbrauch mit dem Missbrauch. In: Bange, Dirk; Körner, Wilhelm (Hrsg.): Handwörterbuch Sexueller Missbrauch, S.355-361. Göttingen.

Erdmann, Katja (2001): Induktion von Pseudoerinnerungen bei Kindern. Regensburg.

Fabian, Thomas; Balloff, Rainer; Dettenborn, Harry (2000). Glaubhaftigkeitsbegutachtung. Praxis der Rechtspsychologie, 10. Jahrgang, Sonderheft 1

Fastie, Friesa (2002): Strafanzeige/Anzeigepflicht. In: Bange, Dirk; Körner, Wilhelm (Hrsg.): Handwörterbuch Sexueller Missbrauch, S.600-605. Göttingen.

Fegert, Jörg M. (2001): Begutachtung sexuell missbrauchter Kinder. Kriftel.

Flogaus, Sonja (2003/2004): Chancen und Grenzen der Aussagepsychologischen Begutachtung. Regensburg.

Forster, Balduin; Ropohl, Dirk (1989): Rechtsmedizin. (5. Auflage). Stuttgart.

Freudenberg, Dagmar (2002): Polizei. In: Bange, Dirk; Körner, Wilhelm (Hrsg.): Handwörterbuch Sexueller Missbrauch, S.410-411. Göttingen.

Green, W. (2000): Sexual Assault and Semen Persistence. In: Siegel, Jay A.; Saukko, Pekka J.; Knupfer, Geoffrey C. (Hrsg.): The encyclopedia of Forensic Sciences, S.397-403. Bath, Somerset, UK.

Greuel, Luise; Fabian, Thomas; Stadler, Michael (Hrsg.) (1997): Psychologie der Zeugenaussage - Ergebnisse der rechtspsychologischen Forschung. Weinheim.

Greuel, Luise; Offe, Susanne; Fabian, Agnes ; Wetzels, Peter; Fabian, Thomas; Offe, Heinz; Stadler, Michael (1998): Glaubhaftigkeit der Zeugenaussage. Weinheim.

Greuel, Luise (2000): Qualitätsstandards aussagepsychologischer Gutachten zur Glaubhaftigkeit von Zeugenaussagen. In: Albrecht, Hans-Jörg; Remschmidt,. Helmut; Quensel, Stephan (Hrsg.): Monatsschrift für Kriminologie und Strafrechtsreform. 83. Jahrgang, Heft 2 März 2000. S.59-70.

Greuel, Luise (2001): Wirklichkeit- Erinnerung- Aussage. (1. Auflage). Weinheim.

Kraheck-Brägelmann, Sabine (1994): Die Vernehmung von Frauen als Opfer sexueller Gewalt. Rostock.

Loimer, L.; Bichler, A.; Brezinka, A.; Brown, A.; Denk, W.; Denk, W.; Friedrich, E.; Hohenbichler, U.; Mayerofer, K.; Rieger, A.; Schaffer, M.; Spacek, K.; Stadlbauer, G.; Stöger, H.; Vytiska-Binsdorfer, E.; Pateisky, N. (2001). Leitlinie der Österreichischen Gesellschaft für Gynäkologie und Geburtshilfe (OEGGG) bei Verdacht auf Vorliegen von Sexualdelikten.

Michaelis-Arntzen, Else (1994): Die Vergewaltigung. (2. Auflage) München.

Motzkau, Eberhard (2002): Gynäkologische Untersuchung. In: Bange, Dirk; Körner, Wilhelm (Hrsg.): Handwörterbuch Sexueller Missbrauch, S.171-173. Göttingen.

Nelles, Ursula (2002): Vernehmung von Kindern. In: Bange, Dirk; Körner, Wilhelm (Hrsg.): Handwörterbuch Sexueller Missbrauch, S.717-723. Göttingen.

Pfefferli, Peter (2002). Die Spur – Ratgeber für spurenkundliche Tatortarbeit. Heidelberg.

Pollak, S. (2004): Vortäuschung einer Straftat. In: Brinkmann, B.; Madea, B. (Hrsg.): Handbuch gerichtliche Medizin, S.1230-1236. Berlin Heidelberg.

Pollak, S.; Saukko, P.K. (2000): Self-inflicted Injury. In: Siegel, Jay A.; Saukko, Pekka J.; Knupfer, Geoffrey C. (Hrsg.): The encyclopedia of Forensic Sciences, S.390-397. Bath, Somerset, UK.

Pollak, S.; Saukko, P.K. (2000): Clinical Forensic Medicine. In: Siegel, Jay A.; Saukko, Pekka J.; Knupfer, Geoffrey C. (Hrsg.): The encyclopedia of Forensic Sciences, S.362-368. Bath, Somerset, UK.

Richter-Appelt, Hertha (2002): Dissoziation (Dissoziative Störungen) In: Bange, Dirk; Körner, Wilhelm (Hrsg.): Handwörterbuch Sexueller Missbrauch, S.53-54. Göttingen.

Roberts, R.E.I.; Evans, J.V. (2000): Child Abuse. In: Siegel, Jay A.; Saukko, Pekka J.; Knupfer, Geoffrey C. (Hrsg.): The encyclopedia of Forensic Sciences, S.368-374. Bath, Somerset, UK.

Schleyer, Franz; Oepen, Irmgard; Henke, Jürgen (1995): Humanbiologische Spuren. Weinheim.

Schuhrke, Bettina (2004): Sexuelle Entwicklung im Kindes- und Jugendalter: Normalität und Störung. In: Körner, Dr. phil. Wilhelm; Lenz, Prof. Dr. phil. Albert (Hrsg.): Sexueller Missbrauch, S.164-187. Göttingen.

Schüler (1996): Dokumentation Nr. 17: Untersuchung von Sexualstraftaten. Altenholz.

Schwerd, Wolfgang (1986): Rechtsmedizin: Lehrbuch für Mediziner und Juristen. (4. Auflage). Köln.

Sigrist, Th.; Germann, U. Skriptum Rechtsmedizin

Trankell, Anke (1971): Der Realitätsgehalt von Zeugenaussagen. Göttingen.

Tröger, H.D.; Albrecht, K. (2004): Vergewaltigung. In: Brinkmann, B.; Madea, B. (Hrsg.): Handbuch gerichtliche Medizin, S.1131-1151. Berlin Heidelberg.

Waldemar, Burghard; Hamacher, Hans-Werner (1990). Lehr- und Studienbriefe Kriminalistik. (2. Auflage). Hilden

Weihmann, Robert (2004): Kriminalistik. (7. Auflage). Hilden.

Quellenverzeichnis

Bonnemann, Detlef (2001a): Borderlinestörung.
URL: http://www.borderline-community.de/borderline/index.htm,

Bonnemann, Detlef (2001b): Borderlinestörung.
URL: http://www.borderline-community.de/borderline/2.htm),

Bonnemann, Detlef (2001c): Borderlinestörung.
URL:http://www.borderline-community.de/borderline/12.htm)

Bielicki, Julian S. (1998): Klinische Merkmale einer Borderline-Störung.
URL: http://www.webkultur.com/freud-167.htm)

Friedrich, Dr. Elisabeth (2002). Die traumatisierte Patientin.
URL: http://www.frauenfuerfrauen.org/pages/themen/gerichtsmed.htm

Gerstendörfer, Monika (2005): Zum Fall des Andreas Türck oder Über den medialen Umgang mit Vergewaltigungsopfern.
URL: http://www.lobby-fuer-menschenrechte.de/andreastuerk.html

Kahl, Thorsten Dr. (2002): Wer wird nun Opfer?
URL: http://www.deutsche-opferhilfe.de/docs/info/info.htm

Knobbe, Martin; Weitz, Regina (2005): Hat er? Oder hat er nicht? Stern, Heft 32/2005.
URL: http://www.stern.de/lifestyle/leute/index.html?id=543866

Mielke, Michael (2005): Zweifel an Türcks Schuld.
URL:
http://morgenpost.berlin1.de/content/2005/09/02/aus_aller_welt/776876.ht
ml

Rauch, Elisabeth; Weissenrieder, Nikolaus; Peschers, Ursula (2004). Sexu-
aldelikte – Diagnostik und Befundinterpretation. Deutsches Ärzteblatt 101,
Ausgabe 40 vom 01.10.2004, S.A-2682/B-2257/C-2165.
URL:http://www.aerzteblatt.de/v4/arciv/artikeldruck.asp?id=43619

*Bei folgenden Internetquellen war es nicht möglich, den Verfasser ausfin-
dig zu machen:*

Kriminalportal (2001-2004): Klinische Rechtsmedizin I.
URL: http://www.kriminalportal.de/thema/index_47060_47067.cfm

Wenn Phantasieverbrechen die Kripo in Atem halten.
URL http://www.polizei.nrw.de/duesseldorf/alltag/entfuehrung_3.htm

Frei gesprochen (2005)
URL: http://www.super-illu.de/enter/klatsch/tuerck/index/shtml

Der Wahrheit auf der Spur...Tatsachenfeststellung vor Gericht.
URL: http://www.wahle/de/jura/tatsachen/zeuge.html

Ermittlung unbekannter Täter – Täterpsychologie (2001)
URL: http://193.22.36.128/hier-ab-vier/rat_und_tat/1337.html

URL: http://www.sozialportal.de/Krankheiten/Borderline.html

Schriften zur Empirischen Polizeiforschung

Fehler und Lernkultur in der Polizei
299 Seiten • 19,90 € • ISBN 3-935979-45-2

Innen und Außensicht(en) der Polizei
253 Seiten • 19,90 € • ISBN 3-935979-49-5

Kommunale Kriminalprävention
132 Seiten • 15,90 € • ISBN 3-935979-56-8

Evaluation und Polizei
197 Seiten • 16,90 € • ISBN 3-935979-83-5

Stand und Perspektiven der Polizeiausbildung
179 Seiten • 16,90 € • ISBN 978-3-935979-98-6

Polizei im Wandel?
258 Seiten • 19,80 € • ISBN 978-3-86676-003-5

Schriftenreihe der Thüringer Fachhochschule für öffentliche Verwaltung, Fachbereich Polizei

Analyse eines Erpresserschreibens
44 Seiten • 8,90 € • ISBN 3-935979-43-6

Überbringung einer Todesnachricht
58 Seiten • 8,90 € • ISBN 3-935979-52-5

Aids – Eine juristische Positionsbestimmung
60 Seiten • 8,90 € • ISBN 3-935979-57-6

Die Anhörung von kindlichen Opfern sexueller Gewalt aus psychotraumatologischer Sicht
117 Seiten • 9,90 € • ISBN 3-935979-76-2

Glaubhaftigkeit und Suggestibilität kindlicher Zeugenaussagen
81 Seiten • 9,90 € • ISBN 3-935979-97-5

Polizeiwissenschaftliche Analysen
Schriftenreihe der Verwaltungsfachhochschule in Wiesbaden

Freiwilliger Polizeidienst in Hessen
93 Seiten • 20,- € • ISBN 3-935979-08-8

Kriminologische Spuren in Hessen
353 Seiten • 29,- € • ISBN 3-935979-16-9

DNA-Massentests im Strafverfahren
267 Seiten • 25,- € • ISBN 3-935979-23-1

Armuts kriminalität - Arme(n)kriminalität
125 Seiten • 16,90 € • ISBN 3-935979-51-7

Kreuzfahrt in die Krise
242 Seiten • 24,90 € • ISBN 3-935979-53-3

Der Freiwillige Polizeidienst in Baden-Württemberg
288 Seiten • 24,90 € • ISBN 3-935979-67-3

Arbeiten der Preisträger des Fachbereichs Polizei der Heinrich-Mörtl-Stiftung
198 Seiten • 20,- € • ISBN 3-935979-68-1

Festschrift zum 25-jährigen Bestehen der Verwaltungsfachhochschule in Wiesbaden
406 Seiten • 24,90 € • ISBN 3-935979-72-X

Schriftenreihe
Polizei **&** Wissenschaft